투자부터 기획, 브랜딩, 창작과 창업까지

지금 팔리는
NFT

일러두기

- 국내에서 2021년 3월 개정된 특정금융정보법에 따라 비트코인이나 이더리움 등 암호화폐를 '가상자산'이라고 명시합니다. 하지만 실제 사용자는 암호화폐로 통칭하기에 현장의 언어를 사용해 본문에서는 암호화폐로 표기했습니다.
- 변동성이 큰 가상자산은 독자가 당시 가치를 쉽게 이해할 수 있도록 거래 당시 가격을 달러화(USD)로 표기했습니다. 달러화는 원화 가치를 병기했고 환율은 2022년 3월 1일 기준(1204.5원)으로 표기했습니다.

투자부터 기획, 브랜딩, 창작과 창업까지

지금 팔리는 NFT

▶ 이유미 지음

위즈덤하우스

2009년 11월 아이폰이 국내에 출시됐다. 이후 스마트폰 대중화는 급물살을 탔다. 나는 아이폰이 등장하고 약 2년 뒤 IT 분야를 취재하기 시작했다. 스마트폰을 중심으로 다양한 스타트업이 등장하고 앱 생태계가 만들어지는 걸 지켜봤다. 지금 시장을 선점하고 있는 카카오톡, 배달의민족, 쿠팡 등은 스마트폰 대중화와 함께 시작한 기업이다.

2010년대 초 스마트폰 생태계에 빨리 적응했던 창업가와 기업은 지금도 여전히 잘나가고 있다. 반면 당시 적응하지 못했던 기업은 사람들의 기억에서 서서히 잊혔다.

새로운 기술이 등장할 때마다 혁신과 함께 새로운 산업이 꽃피고 생태계에는 지각 변동이 일어난다. 스마트폰 등장 이전에, 1990년대 후반 인터넷이 대중화됐을 때도 그랬듯이 말이다. 인터넷의 대중화는 네이버와 다음, 넥슨, 엔씨소프트 등을 탄생시켰다.

스마트폰의 등장 이후 10년이 지난 2020년대, 새로운 기술이 다시 등장했다. 이번엔 NFT다. NFT를 바라보는 시각은 극명히 갈린다. NFT가 IT 생태계를 뒤흔들 것이라는 시각이 있는 반면, 누군가는 곧 꺼질 거품으로 보기도 한다. 언제든 수없이 복제할 수 있는 디지털 파일에 불과한 기술이 왜 몇십억, 몇백억의 가치를 가지는지 이해하지 못하겠다는 것이다.

NFT의 특징이 '디지털 그림 하나에 수백억 원'만은 아니다. 이건 단지 NFT의 현상 중 하나일 뿐이다. 일부만 보고 NFT 시장 전체를 비이성적인 시장으로 깎아내리기엔 NFT는 이미 다양하게 활용되고 있으며 무한한 미래 가능성이 있다. 기술은 한번 진보한 이상 후퇴하지 않는다. NFT도 등장한 이상 사라지지는 않을 것이다.

지금도 NFT 시장에는 수없이 많은 서비스가 등장하고 NFT를 활용한 마케팅이 진행되고 있다. 우리는 NFT가 무엇인지, 발 빠르게 뛰어든 곳들은 어떻게 적용하고 어떤 시행착오를 겪었는지, 그래서 앞으로는 NFT의 어떤 특징을 취하고 버릴 것인지를 봐야 할 때다.

크립토펑크의 아바타 NFT 소유자는 그들만의 커뮤니티를 구성하고 있다. 구매한 아바타 NFT를 자신의 마스코트처럼 활용하는 사람들도 있다. 게이머는 NFT 아이템을 게임에서 판매하기도 한다. NFT 굿즈를 만들어서 팔거나 NFT를 소셜화폐로 사용하는 기업도 있다. NFT는 입장권 역할도 할 수 있다.

스마트폰 OS와 앱 개발 기술이 있는 사람들만 스마트폰 앱 서비스를 만드는 것이 아니듯, NFT 기술을 아는 사람만이 서비스나 마케팅에 NFT를 활용할 수 있는 건 아니다.

하지만 여전히 NFT를 어려워하고 낯설어하며 거부감부터 느끼는 사람들이 많다. 이 책을 통해 NFT에 관한 거부감을 없애고 NFT에 조금 더 친숙해졌으면 한다. 우리가 코딩을 할 줄 몰라도 서비스를 기획할 수 있듯이 NFT도 모든 기술을 깊게 알 필요는 없다. 우리가 사용하는 데 어려움을 느끼지 않을 정도만 이해하면 된다.

이 책에서는 NFT 기술에 관한 내용보다는 실생활에 와닿는 서비스와 마케팅 사례를 위주로 서술했다. 사례를 알아야 내 서비스와 사업에도 적용할 수 있으니 말이다. 또 NFT는 서비스와 사업에만 적용되지 않는다. 크리에이터의 생태계도 바꾼다. 이에 NFT를 활용한 크리에이터의 사례도 담았다. NFT를 잘 모르지만 NFT로 무언가 할 수 있는 게 없을까, 고민하는 모든 이를 위한 책이다.

2010년대를 되돌아보면, 이런 후회가 남는다. 나는 왜 기회를 제대로 알아보지 못하고 놓쳤을까. 그때 스마트폰이 IT 시장을 어떻게 변화시는지 좀 더 눈여겨보지 않았던 탓이다. 10년 만에 다시 새로운 기회가 왔다. 이 기회를 잡을 것인가, 아니면 다시 10년을 기다릴 것인가.

차례

이것은 신기루인가 아니면 신세계인가.

어느 날 갑자기 수십억, 수백억 원에 거래되는

이것의 정체에 관한 논의는 아직 분분하다.

분명한 건 이미 우리 앞에 나타난 실체라는 것이다.

NFT는 어떻게 만들어졌을까?

왜 누군가는 열광하고 누군가는 비관할까?

1부에서는 NFT의 실제 사례를 중심으로

서술하기 전에 기본 개념을 짚어보려고 한다.

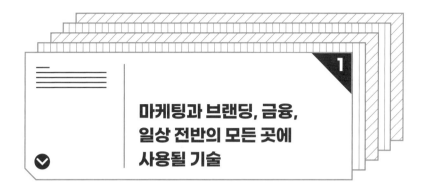

마케팅과 브랜딩, 금융,
일상 전반의 모든 곳에
사용될 기술

어느 날부터
수백억 원에 팔리는 것

2021년 3월 디지털 아티스트 비플의 디지털 작품 〈매일: 첫 5000일Everydays: The First 5000 Days〉이 6,930만 달러(약 835억 원)에 거래됐다. 이뿐만이 아니다. 트위터 창업자 잭 도시의 트위터 문장 한 줄이 290만 달러(약 35억 원), 캐나다 출신 가수 그라임스의 디지털 그림 10점이 580만 달러(약 70억 원)에 팔렸다.

사실 현실 세계에서 예술 작품이나 역사적 기록물, 건축물 등이 수십억, 수백억 원에 팔리는 건 크게 놀라운 일은 아니다. 하지만 온라인에만 존재하는 것 중에서 이렇게 높은 가치를 지닌 건 그동안 없었다. 어떻게 디지털 파일에 불과해 보이는 그림과 글자가 수십억, 수백억 원에 거래될 수 있을까?

바로 NFT 덕분이다. NFT는 디지털 예술 작품이나 기록물에 소유권을 부여했다. 디지털 파일을 누가 만들었고 현재 누가 소유하고 있는지 누구나 쉽게 확인하고 증명할 수 있다. 또 NFT로 발행된 디지털 파일, 작품은 위조하기 어렵다. 그동안 온라인에서는 파일의 복제와 수정이 쉽고 원본을 가려내기 어려웠다. 그래서 온라인에서 존재하는 것은 높은 가치를 인정받지 못했다.

NFT는 그림을 포함한 디지털 파일, 작품 등 온라인에만 존재하는 모든 것에 가치를 부여하고 자산의 개념을 도입했다. NFT가 주목을 받게 된 이유다.

NFT는 Non Fungible Token의 약자다. 번역하면 대체 불가능한 토큰. 평소에 많이 접하지 않은 용어이기 때문에 한국어로 봐도 무엇을 의미하는지 피부로 와닿지 않는다. '대체 불가능한Non Fungible'과 '토큰Token'을 나눠서 보면 조금 더 이해가 쉽다.

'대체 불가능한'이란 내가 가지고 있는 무언가를 다른 사람이 가지고 있는 무언가와 바꿀 수 없다는 얘기다. 나에게 5만 원권 지폐가 있고, 내 친구에게도 5만 원권 지폐가 있다고 가정해보면, 나와 친구는 서로 지폐를 바꿔도 아무런 변화가 없다. 두 지폐의 일련번호가 다르고, 내가 가진 지폐가 조금 더 깨끗하더라도 지폐의 가치와 효용성은 그대로다. 이는 '대체 가능한' 것이다.

이번엔 나와 친구가 똑같이 가수 아이유의 5집 앨범을 가지고 있다고 가정해보자. 나는 아이유 팬 미팅에 가서 5집 앨범에 아이유의 사인을 받았다. 이제 나는 친구가 가진 아이유 5집 앨범과 바꿀 수 있을까? 둘 다 처음 살 때의 가격은 같았고, 아이유의 노래를 들을 수 있는 기능이 있다. 하지만 내가 가지고 있는 아이유 5집 앨범은 아이유 사인이 있기 때문에 친구가 가진 아이유 5집 앨범뿐 아니라 어떤 아이유 5집 앨범과도 구별되는 고유한 것이 되었다. 이를 '대체 불가능한' 것이라고 말한다.

'토큰'이라고 하면 금속으로 만들어진 동전이 떠오를 것이다. 디지털 세상에서 말하는 토큰은 코드로 이뤄진 '디지털 파일'이라고 보면 된다. 이 디지털 파일에는 발행량, 발행된 곳, 토큰 수신자 주소 등이 담겨 있다. 'NFT' 또한 토큰의 한 종류이기 때문에 마찬가지다. NFT에는 고유성을 알려주는 ID(일련번호), 소유자 정보, 전송자 주소, 수신자 주소 등의 정보가 담겨 있다. 어떤 암호화폐에는 후오비토큰, FTX토큰, 커브 다오 토큰 등의 이름이 있다.

누구나 볼 수 있는 투명한 기록, 디지털 소유권

NFT는 어디에 어떻게 활용되느냐에 따라 다양한 기능과 역할을 하기 때문에 한마디로 정의하기는 어렵다. 다만, NFT와 관련해 최근 많이 등장하는 표현이 '디지털 자산 소유권' 또는 '디지털 등기부등본'이다. NFT에는 누가 누구에게 전송했다는 기록이 남는다. 이 기록은 누구나 볼 수 있도록 투명하게 공개되고 위조나 변조를 쉽게 할 수 없다. 예를 들어 A가 그림을 NFT로 만들어 B에게 보냈다면, A와 B의 ID가 전송 내역과 함께 온라인에 기록된다. 이제 해당 그림을 A가 만들어서 B에게 보냈다는 사실을 누구나 조회할 수 있다. 이 기록은 변조하기 어렵다. 이는 블록체인 기술을 적용한 덕분에 가능한데, 기술적인 설명은 다음 장에서 풀어나가겠다.

그림, 디지털 신분증, 이력서, 음원, 영상, 코드 등 인터넷에 존재하는 모든 것은 NFT가 될 수 있다. 이렇게 만들어진 NFT는 부동산 등기부등본처럼 소유권 변경 내역과 권한이 안전하게 기록되고 누구나 확인할 수 있다. 예를 들어, 'A가 B에게 〈모나리자〉 그림을 줬다. B는 다음 주에 C에게 〈모나리자〉 그림을 줬다'라는 소유권 변경 내역이 기록됐다면, 누구나 〈모나리자〉의 최종 소유자는 C인 것을 확인할 수 있다.

하지만 NFT를 '누구나 조회할 수 있는 디지털 자산 소유권 기록'이라고만 하기엔 NFT가 주목받는 이유를 다 담아내지 못한다. NFT는 '디지털 자산 소유권 기록'이라는 특성에 기반해 마케팅과 브랜딩, 금융, 일상 전반의 모든 곳에 사용된다. 이 책에서 국내외 사례를 통해 NFT의 다양한 쓸모와 가능성을 안내하고자 한다.

2

쉽게 이해하는
블록체인

블록체인,
데이터를 여러 컴퓨터에 저장한다

—

블록체인은 데이터를 처리하고 저장하는 새로운 방식이다. 기존에는 데이터를 처리하고 저장할 때 한 대의 거대한 컴퓨터에 의지했다. 예를 들면 우리가 올린 네이버 블로그 게시물은 네이버 데이터센터에 저장된다. 블로그에 접속할 때마다 네이버 데이터센터에 저장된 게시물을 불러올 수 있다. 그 게시물은 네이버 데이터센터에만 저장되기 때문에 네이버 데이터센터가 해커로부터 공격을 받거나 네이버가 블로그 서비스를 접으면 영영 사라질 수 있다. 아니면 해커가 내 네이버 계정을 탈취해 게시물을 마음대로 수정할 수도 있다. 간혹 해킹 피해를 당한 연예인의 인스타그램, 트위터 계정에 이상한 게시물이 올라오는 경우를 본 적이 있을 것이다.

네이버 블로그 게시물을 네이버 데이터센터 한 곳이 아닌 여러 데이터 센터(컴퓨터)에 저장한다면 어떨까. 복사본 여러 개를 여러 컴퓨터에 저장한다면 한 컴퓨터가 해커로부터 공격을 받아도 다른 복사본이 있기 때문에 안전하다. 누군가가 네이버 계정을 탈취해 내가 작성한 게시물을 수정하더라도 다른 컴퓨터에 원본이 남아 있다. 만약 원본이 컴퓨터 20대에 저장되어 있다면, 20대의 컴퓨터가 동시에 해킹 피해를 당해야 블로그 글이 손상된다. 하지만 해커가 컴퓨터 20대를 한 번에 해킹하기는 매우 어렵기 때문에 게시물이 훼손될 가능성은 더욱 낮아진다. 이렇게 여러 대의 컴퓨터에 데이터를 분산해서 저장하는 방식이 블록체인이다.

예를 들면, 10시부터 10시 15분까지 블로거가 쓴 게시물(데이터)을 모아 '블록B'에 담는다. 블록B에는 10시부터 15분 동안 기록된 게시물 외에도 직전 9시 45분부터 10시까지 기록된 게시물이 모인 블록A의 내용이 암호화되어 담겨 있다. 블록B에 블록A의 내용을 넣는 이유는 블록B만 검증해도 이전 블록의 내용이 맞는지 확인할 수 있게 하기 위함이다. 블록B는 여러 컴퓨터에 전송된다. 블록B를 받은 컴퓨터들은 블록B 안에 담긴 내용을 검증하고 블록B를 이전에 만들어졌던 블록A 뒤에 붙여서 연결한다. 연결된 블록들을 블록체인이라고 한다.

블록을 저장하고 검증하는 역할을 하는 컴퓨터를 '참여자'라고 한다. 이 역할을 누구나 할 수는 있지만 아무나 하려고 하지는 않는다. 자신의 컴퓨터 메모리와 CPU 등 컴퓨터 자산을 쓰기 때문이다. 공짜로 누군가가 내 컴퓨터를 사용하는 셈이다. 그래서 블록체인을 운영하는 데 필요한 참여자를 모으기 위해 보상을 준다. 참여자는 블록이 타당한지 검증하고 검증된 블

록들을 저장하면 보상을 받는다. 이 보상이 바로 암호화폐다. 우리가 잘 아는 비트코인BTC, 이더ETH와 같은 암호화폐를 FTFungible Token, 대체 가능한 토큰이라고 한다. 이렇게 참여자가 되어 컴퓨터 자산을 쓰고 암호화폐를 받는 것이 암호화폐 채굴의 원리다.

블록체인도 여러 기능과 다양한 역할을 수행하기 위해 데이터를 저장하는 방식이나 검증하는 방식 등이 조금씩 다르기 때문에 각자 이름이 있다. 비트코인, 이더리움과 같은 이름이다. 그리고 비트코인과 이더리움에서 주는 인센티브가 각각 비트코인과 이더다.

이더리움,
스마트 계약이 이뤄지다

—

블록체인을 유지하기 위해 주는 보상이 암호화폐지만, 암호화폐가 보상 기능만 하는 건 아니다. 흔히 암호화폐라고 부르기 때문에 우리가 사용하는 지폐를 떠올리기 쉽지만, 암호화폐는 코드로 이뤄진 '토큰'과 같은 개념이다. 컴퓨터 코드이기 때문에 기능을 추가할 수 있다.

예를 들어 이더리움은 '스마트 계약' 기능이 있어서 주고받을 때 조건을 넣을 수 있다. '다음 달까지 이 보고서를 완성하면 100만 원을 줄게'라는 계약을 이더리움에 넣고 상대방에게 보내면 나는 상대방이 보고서를 완성했는지 확인하지 않더라도 보고서가 완성되면 100만 원을 자동으로 지급한다. 상대방은 보고서를 완성한 후 '돈을 못 받으면 어쩌지' 하고 걱정할 필요도 없다. 스마트 계약이 담긴 이더리움을 보내는 순간 계약은 되돌릴 수 없기 때문이다. 계약에 명시된 내용은 컴퓨터에 의해 자동으로 실행된다.

이렇게 스마트 계약 기능을 가진 이더리움은 코드가 조금씩 수정되면서 다양한, 새로운 기능이 추가되고 있다.

기업이 이더리움 코드를 기반으로 자사만의 특징을 추가한 '토큰'을 만들 수 있다. 2017년 암호화폐공개ICO 붐이 일어났다. 기업이 상장하듯IPO 암호화폐를 발행해 투자자들로부터 자금을 조달하는 유행이 번진 것이다. 이때 암호화폐공개를 한 대부분의 알트코인(비트코인을 제외한 모든 가상화폐)이 이더리움 기반이었다.

이 알트코인들은 이더리움 중에서도 ERC-20이라는 표준을 활용했다. 예를 들어 이오스EOS, 트론TRX, 펀디엑스NPXS, 오미세고OMG 등이 있다. 처음에는 이더리움을 기반으로 만들어졌지만 이후에는 자체 블록체인을 만드는 경우도 있었다.

각각의 토큰을
구별하고 싶다

—

개발자들은 더 나아가 토큰마다 '이름'을 부여해 어떤 토큰을 누가 가지고 있는지, 이전 주인은 누구였는지 확인할 수 있는 기능 등을 추가했다. 그래서 만들어진 표준이 ERC-721이다. 이를 기반으로 한 토큰이 바로 NFT다. NFT 표준으로 이더리움 기반의 ERC-1155도 있지만 ERC-721이 더 보편적으로 사용되고 있다.

모든 NFT는 고유한 ID가 있고 소유자가 기록된다. ERC-20 기반 토큰은 내가 가진 토큰과 친구의 토큰을 구별할 수가 없다. 반면, 모든 NFT에는 서로 다른 ID가 있기 때문에 구별할 수 있다. ID가 같은 NFT는 전 세계 어디에도 없다. 내가 친구에게 NFT를 보내면, NFT의 소유자는 내 크립토 지갑 주소에서 친구의 크립토 지갑 주소로 변경된다. 이를 통해 현재 NFT의 소유자가 누구인지, 이전에는 누가 이 NFT를 가지고 있었는지 모두 확인

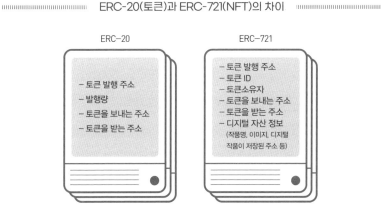

ERC-20(토큰)과 ERC-721(NFT)의 차이

ERC-20

– 토큰 발행 주소
– 발행량
– 토큰을 보내는 주소
– 토큰을 받는 주소

ERC-721

– 토큰 발행 주소
– 토큰 ID
– 토큰소유자
– 토큰을 보내는 주소
– 토큰을 받는 주소
– 디지털 자산 정보
(작품명, 이미지, 디지털
작품이 저장된 주소 등)

할 수 있다.

현재 많은 NFT 프로젝트가 이더리움을 기반으로 만들어지고 있지만, 이더리움은 NFT를 발행하고 주고받을 때 수수료인 가스피gas fee(한국에서는 '가스비'로도 통함)가 많이 든다. 그리고 아직 처리 속도가 빠르지 않다. 이 때문에 NFT를 발행할 수 있는 블록체인 플랫폼을 별도로 만드는 기업도 있다. 솔라나Solana의 블록체인 '솔라나'나 카카오 크러스트의 '클레이튼Klaytn', 바이낸스의 '바이낸스 스마트 체인BSC' 등이 그 예다. 이처럼 이더리움이 아니더라도 NFT를 만들 수 있다.

3

새로운 생태계의 표준

세상에 하나밖에 없다는
희소성

—

모든 NFT에는 ID가 있다. 같은 네이버 ID가 없듯이 NFT의 ID도 하나뿐이다. NFT는 ID로 고유성을 확인한다. 하지만 이것만으로 '희소성'이 있다고 보기는 어렵다. 우리가 현금으로 결제할 때 사용하는 지폐에도 일련번호가 있고 일련번호가 동일한 지폐는 없지만, 희소성이 있다고 말하지는 않는다.

NFT는 ID뿐 아니라 '정보'를 담고 있다. 그 정보는 그림, 음악, 소설, 특정 지위를 나타내는 자격 증명, 현실 세계에 있는 땅 소유 증서 등 무엇이든 가능하다. 이러한 정보를 담은 NFT는 발행할 때 발행량을 정할 수 있다. 나이키가 한정판 신발을 출시하듯이, NFT도 동일한 그림을 가진 NFT를 한정 수량으로 발행할 수 있다. 그래서 모든 NFT는 '한정판'이 되는 것이고 '희소성'이 있다. 무수히 많은 NFT를 발행할 수도 있지만, 높은 가치를 유지하길 원한다면 적은 수의 NFT를, 그렇지 않다면 많은 수의 NFT를 발행한다. 이 때문에 모든 NFT가 희소성을 갖는 건 아니지만, 발행자가 원한다면 희소성 있는 NFT를 만들 수 있다.

물론 NFT 발행자가 처음엔 NFT를 10개만 만들겠다고 했다가 이후에 마음이 바뀌어 동일한 NFT를 1만 개 이상 발행할 수도 있다. 하지만 이런 행동을 한 발행자는 시장의 신뢰를 잃는다. 앞으로 그 발행자가 만드는 NFT에 희소성이 있다고 믿는 사람은 없어질 것이다. 그래서 NFT 발행자는 자신이 정한 발행량을 대부분 지킨다.

완전한 내 소유의
NFT

—

블록체인 저장 방식은 여러 서버에 동시에 저장되어 해킹으로부터 안전하다는 장점이 있다고 앞서 설명했다. 하나의 장점이 더 있다. 블록체인 방식으로 저장하면 영원히 소유할 수 있다. 우리가 '내 것'이라고 생각하는 내가 쓴 글, 내가 찍어서 올린 사진, 내가 촬영한 영상은 해당 기업의 컴퓨터, 즉 서버에 저장되어왔다. 만약 그 기업이 폐업하거나 서버를 폐쇄하면 내 것이라고 생각했던 글과 사진, 영상은 사라진다.

싸이월드 미니홈피가 대표적인 사례다. 싸이월드의 운영이 불안정해질 때마다 이용자는 미니홈피에 저장한 사진을 찾을 수 없게 될까 봐 걱정해야 했다. 또 몇 년 전 싸이월드가 서버 비용도 제대로 내지 못한다는 소식을 들었을 때 이용자는 가슴을 졸였다.

블록체인은 특정 기업의 컴퓨터나 서버에 의존해서 저장하지 않는다. 블록체인은 여러 컴퓨터, 여러 서버에 데이터를 분산해서 저장한다. NFT 또한 블록체인에 기록된다. 때문에 NFT를 발행한 기업이 망하더라도 블록체인으로 저장하고 소유한 나의 NFT는 남는다.

NFT는 이렇게 존재하고 증명해서 온전히 내 소유가 된다. 온전한 나의 것이기 때문에 내가 원하는 대로 NFT를 팔 수도 있고 담보로 대출을 받을 수도 있고 내가 좋아하는 사람에게 선물로 줄 수도 있다.

다만 데이터 규모가 큰 콘텐츠는 NFT로 블록체인에 저장하기가 아직은 어렵다. 블록체인은 처리 속도가 아직 느리기 때문에 대용량의 콘텐츠를 블록체인으로 처리하는 데 한계가 있다. 그래서 대용량 콘텐츠는 블록체인이 아닌 일반 서버에 저장하고, 저장된 곳의 주소를 NFT에 담는다. 이 경우 NFT를 발행한 기업이 콘텐츠를 제대로 관리하지 못한다면 이 NFT는 사라질 수도 있다는 위험성이 있다.

이 NFT가 내 것이라고 굳이 말할 필요 없는, 소유권 증명

—

노트북을 중고 거래로 구매하고 입금했는데, 실제로 받은 건 노트북이 아니라 신문지 뭉치였다는 사기 경험담을 본 적이 있다. 판매자는 애초에 그

노트북을 가지고 있지도 않았다. 구매자가 그것을 알 수 없다는 정보 비대칭을 이용한 사기 수법이다.

이처럼 자신이 갖고 있지 않은 물건을 허위로 판매하는 사기는 종종 있다. 하지만 NFT 세계에서 이러한 사기는 통하지 않는다. 내가 가지고 있지 않은 NFT를 가지고 있다고 거짓말할 수 없기 때문이다.

NFT에는 소유자가 누구인지 입력되어 있다. 소유자가 바뀌면 자동으로 기록된다. NFT를 받는 순간 저절로 내 이름이 NFT에 새겨지는 셈이다. 그리고 NFT는 블록체인에서 주고받는다. 그래서 거래 내역이 투명하게 공개되고 모든 사람이 어떤 NFT가 누구의 것인지 확인할 수 있다.

아바타 NFT인 크립토펑크CryptoPunks는 자사 홈페이지에 모든 크립토펑크의 현재 소유자와 거래 내역을 누구나 쉽게 확인할 수 있도록 공개했다. 그리고 누가 어떤 NFT를 가지고 있는지도 모두 확인할 수 있다. 비록 NFT 소유자가 실명이나 닉네임이 아닌 크립토 지갑 주소로 나와 있지만, 자신이 NFT를 가지고 있다고 증명할 수 있는 방법은 여러 가지다. 크립토 지갑

〰〰〰〰〰〰〰 크립토펑크 #5217의 거래 내역_Larva Labs 〰〰〰〰〰〰〰

Transaction History

Type	From	To	Amount	Txn
Bid	manhoos....		0.10Ξ ($311)	Aug 08, 2021
Transfer	0x8f7cee	0xe30161		Jul 30, 2021
Sold	Snowfro	0x8f7cee	2.25KΞ ($5.45M)	Jul 30, 2021
Bid Withdrawn	0x28ca88		1.26KΞ ($2.95M)	Jul 30, 2021
Bid	0x28ca88		1.26KΞ ($2.93M)	Jul 30, 2021
Bid Withdrawn	0x28ca88		953Ξ ($2.24M)	Jul 26, 2021
Bid	0x28ca88		953Ξ ($2.06M)	Jul 25, 2021
Bid Withdrawn	0x28ca88		875Ξ ($1.77M)	Jul 22, 2021

주소를 무의미한 숫자와 알파벳의 나열이 아닌 자신의 닉네임으로 변경할 수 있고, 자신의 지갑 내역을 공개할 수도 있다.

리니지에서 쓰던 아바타를 제페토에서도, 상호 운용성

—

게임을 하다 보면 이런 생각이 들 때도 있다. 게임 '리니지'에서 쓰던 내 아바타를 그대로 모바일 메타버스 '제페토'에서 쓸 수 없을까? 당연히 지금은 쓸 수 없다. 하지만 NFT를 적용한다면 가능하다.

현재 리니지에서 쓰던 내 아바타를 제페토에서 쓸 수 없는 이유는, 리니지와 제페토는 개발 환경이 다르고, 구현 환경도 다르기 때문이다. 아바타를 연동해서 쓰려면 리니지 개발사인 엔씨소프트와 제페토 개발사인 네이버제트가 협력해서 동일한 환경을 구현해야 한다. 하지만 양사는 굳이 그래야 할 이유가 없다.

NFT는 동일한 개발 환경, 동일한 표준의 코드를 사용한다. 앞서 언급한 이더리움의 NFT 표준인 ERC-721에 관한 설명을 떠올려보자. 이더리움 기반의 NFT로 만들어진 서비스는 서로 다른 개발사가 만들었어도 이론적으로는 쉽게 다른 플랫폼을 오가면서 활용할 수 있다. 가령 리니지 아바타와 제페토 아바타가 이더리움 기반 NFT라면 리니지에서 쓰던 아바타를 제페토에서도 쓸 수 있다. 이를 '상호 운용성'이라고 한다.

이렇게 NFT를 서로 다른 플랫폼에서도 자유롭게 활용하기 위해 ERC-721과 같은 표준을 정한 것이다. 이더리움 기반 NFT 외에 클레이튼, 솔라나 기반의 NFT도 있는데, 이 또한 동일한 표준을 사용했다면 상호 운용이 된다. 또 이더리움과 클레이튼, 이더리움과 솔라나처럼 다른 표준이더라도 서로 호환되고 연동할 수 있는 플랫폼도 개발되고 있다.

이러한 특징 덕분에, 리니지에서 고가의 가치로 인정받는 아이템이 NFT 라면, 설령 리니지 서비스가 종료된다고 하더라도 다른 게임 플랫폼에서 아이템을 이어서 사용할 수 있다.

4

플랫폼 패권은
어디로

메타버스에서도
경제가 돌아간다

NFT가 무엇인지, 그리고 NFT의 특징은 무엇인지도 알아봤다. 하지만 NFT가 왜 필요한지에 관한 의문은 남아 있다. NFT가 없어도 우리는 지금까지 잘 살아왔는데, 복잡해 보이기만 하는 NFT는 왜 필요할까.

NFT가 주목을 받았던 2021년, 가장 많이 언급된 문구는 '디지털 자산에도 소유권이 생겼다'이다. 그동안 디지털로 된 것은 자산으로 인정받기 어려웠지만, NFT로 인해 디지털에도 재산권과 소유권 개념이 부여됐다. 디지털 자산에 소유권이 생겼다는 건, 디지털 세상에서도 새로운 경제 시스템이 돌아갈 수 있다는 걸 의미한다.

현실 세계에 자본주의가 생기고 경제가 활성화될 수 있었던 것도 자산과 소유권 개념 덕분이다. 열심히 일해 돈을 벌고, 번 돈으로 내가 갖고 싶은 걸 구매해서 내 소유로 만드는 것이 경제 시스템의 기본이다. 그동안 디지털에서는 내가 열심히 글을 써도 벌 수 있는 돈은 한정됐고, 내 소유로 만들 수 있는 무언가가 많지 않았다. 이제 디지털 내에서도 완전한 내 소유를 만들 수 있다.

최근 떠오르는 메타버스에서도 NFT를 적용하면 경제 시스템이 작동할 수 있다. 메타버스 안에서 수익을 낼 수 있고 내 자산이 생길 수 있다는 점은 사람들이 메타버스에서 더 많이, 더 오래, 더 자주 체류하도록 유도한다.

플랫폼 패권은
기업에서 더 많은 개인으로

—

"성공은 복잡할 필요 없다. 1,000명의 사람을 지극히 행복하게 만들어주는 것에서 시작하면 된다."

미국 IT 전문 미디어인《와이어드Wired》를 창간한 케빈 켈리Kevin kelly 전 편집장은 1,000명의 팬만 있으면 먹고살 수 있다고 했다. 진정한 팬 1,000명으로부터 한 명당 매월 평균 100달러(약 12만 원)의 수익을 낼 수 있을 만큼의 충분한 무언가를 만들면 된다는 의미다.

하지만 디지털 세상에서는 쉽지 않았다. 아무리 좋은 콘텐츠를 만들어도 쉽게 복제될 수 있고, 복제되면 사람들은 무료로 즐긴다. 결국 크리에이터는 창작물로 적절한 수익을 낼 수 없게 된다. 지금의 인터넷 생태계도 크리에이터에게 좋은 환경은 아니다.

페이스북이나 인스타그램, 유튜브 등 지금의 인터넷 플랫폼은 개인이나 서드파티third party(원천 생산자가 아닌 파생 상품 생산자)가 만든 사진, 그림, 글 등으로 콘텐츠를 채웠고 이를 사용자와 연결하면서 성장해왔다. 인터넷 플랫폼이 성장하는 데 개인과 크리에이터의 역할이 상당 부분을 차지하지만, 성장의 결실은 인터넷 플랫폼 기업의 창업자, 임원, 주요 주주에게 돌아갔다. 정작 크리에이터는 자신의 창작물만으로는 먹고살 수 없다. 일부 유명 인플루언서에겐 막대한 보상이 주어졌지만, 극히 소수에 불과하다.

NFT는 이를 변화시킬 힘이 있다. NFT가 많은 이에게 환영을 받는 이유고, 크리에이터 중심인 아트 분야에서 NFT가 빠르게 성장한 이유다. 그동안 디지털 콘텐츠는 쉽게 복제가 된다는 점, 내 것이 아니라 기업이 소유 또는 통제한다는 점에서 '판매'가 될 수 없었다.

NFT가 등장하며 디지털 세상에서도 크리에이터 이코노미를 정착하고 확장할 수 있는 기반이 마련됐다. 이제 디지털 세상에서 플랫폼 성장에 따른 이익이 기업보다는 개인에게로, 크리에이터에게로 향할 기회가 온 것이다.

지금까지 NFT에 관한 전반적인 내용을 알아봤다. NFT는 눈에 실제로 보이거나 만져지는 것이 아니라 추상적인 개념이다 보니 머릿속에 쉽게 그려지지 않는다. 그래서 다음 장부터는 실제 사례들을 통해 NFT가 어떻게 현실에 적용되고 어떤 역할을 하는지를 살펴보겠다. 우리가 NFT로 어떤 상상력을 펼치고 어떻게 현실화할 수 있을지 고민해보자.

2부

기획자의
NFT

: 새로운 비즈니스의
핵심

인터넷과 스마트폰이 출현하고 발전하며
오프라인 활동 대부분은 온라인에서도 가능해졌다.
인터넷과 스마트폰을 기반으로 한 다양한 서비스가
우리의 일상을 완전히 바꿨다.
네이버가 백과사전과 일기장을 대신하고,
카카오톡이 전화를 대신하고, 줌이 대면 회의를 대신한다.
유튜브는 유명 가수 콘서트를 집에서도 즐길 수 있게 하고
모바일 뱅킹은 은행을 방문하지 않게 한다.
인터넷이 정보를 전달하는 역할을 톡톡히 한 덕분이다.
그렇다면 NFT는 어떤 역할을 할까? NFT는 가치를 전달한다.
디지털 세상에 존재하는 것에 가치를 부여해
돈으로 사고팔 수 있다는 의미다.
인터넷 기술을 활용한 다양한 서비스가 등장했듯이
NFT를 활용한 다양한 서비스가 등장하고 있다.
2부에서는 NFT를 활용한 실제 서비스 사례를 둘러보고
NFT가 우리의 생활을 어떻게 바꿀 수 있을지 살펴본다.
NFT를 수집하고 메타버스와 게임 세상에 모여서
NFT를 가지고 놀고 NFT를 적용한 금융 생활을 하고
NFT 아트와 음악을 즐기고 NFT가 일상생활에 들어온
서비스를 간접적으로 경험해본다.
이 모든 서비스가 잘 돌아갈 수 있도록 지원하는 툴과
서비스도 빼놓을 수는 없다.

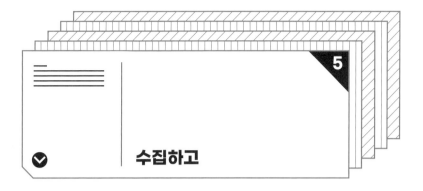

5

수집하고

'부캐' 아바타의 진화, PFP NFT

—

'아바타'는 내 스타일대로 꾸민 싸이월드 미니미나 제페토의 아바타 또는 게임에서 나 대신 전투하는 캐릭터다. 그동안 디지털 세상에서의 아바타는 나를 대변해주는 나의 '부캐'였다.

NFT 세상의 아바타는 기존 아바타와 다르다. '나를 대신하는 것'을 넘어 아바타 NFT의 의미와 효용성은 계속 진화하고 있다. 단순해 보이면서도 여러 의미를 지니고 있어 현재 NFT 시장에서 가장 높은 관심을 받는 분야도 바로 아바타 NFT다.

아바타 NFT는 대부분 전체 모습이 아닌 얼굴만 보이는 '프로필 이미지'

의 형식이다. 이에 최근엔 아바타 NFT보다는 PFP Profile Picture NFT라고 부른다. PFP NFT에는 커뮤니티 접근권, 멤버십, 투자, 자랑 등 여러 기능이 있지만 특히 '아바타' 기능이 주목받고 있다. PFP NFT는 시리즈다. 예를 들어 '크립토펑크' NFT는 1만 개, '크립토즈 CrypToadz' NFT는 6,969개다.

PFP NFT는 우리가 익히 알던 아바타와는 다른 모습이다. PFP NFT를 제작하는 회사나 창작자에 따라 형식은 달라질 수 있지만, 현재 등장한 대부분 PFP NFT는 컴퓨터 알고리즘으로 생김새를 무작위로 조합한다. 머리 색상, 모자, 귀걸이, 수염 등을 사람 대신 알고리즘이 선택하는 것이다. 사람, 좀비, 개구리, 외계인, 유인원 등 다양한 모습이 있고 판타지 요소가 더해지기도 한다.

그리고 각각의 이미지는 유일하다. 예를 들어 1만 개의 크립토펑크라면, 1만 개가 얼굴형, 눈·코·입 모습은 비슷해서 어떤 이미지를 보더라도 '저건 크립토펑크 중 하나다'라고 구별할 수는 있지만, 어느 하나 완전히 똑같은 이미지는 없다.

크립토펑크 #7523가 2021년 소더비 Sotheby's 경매에서 1,175만 달러(약 142억 원)에 낙찰됐다. 프로필 사진에 불과해 보이는 PFP NFT의 인기는 놀랍다. PFP NFT 중 가장 유명한 크립토펑크는 수만 개 중 가장 저렴한 것이 수억 원이다.

또 다른 PFP NFT인 'BAYC Bored Ape Yacht Club' 1만 개는 출시하고 이틀 만에 모두 판매됐다. PFP NFT의 인기에 힘입어 2021년엔 굉장히 다양한 PFP NFT가 등장했고 지금도 계속 만들어지고 거래되고 있다.

PFP NFT가 주목받으면서 높은 가치까지 인정받는 이유는 크게 4가지다.

---

1. PFP NFT를 새로운 내 아바타로 활용할 수 있다.

2. 나의 디지털 지위를 나타낼 수 있다,

3. 특정 커뮤니티에 가입하거나 특정 혜택이 주어진다.

4. 투자 수단이 될 수 있다.

이어서 크립토펑크와 BAYC 등의 사례를 구체적으로 살펴보겠다.

NFT의 미디어믹스, 크립토펑크

—

크립토펑크는 2017년 6월 캐나다 소프트웨어 회사 라바랩스Larva Labs에서 만든 이더리움 기반 PFP NFT다. 총 1만 개이며 외계인, 유인원, 좀비, 여성, 남성 등 5개 타입과 머리 색상, 수염, 정장 모자, 귀걸이, 마스크 등 87개 속성의 조합으로 만들어졌다.

크립토펑크는 출시된 이후 2021년 12월 29일 기준으로 누적 총 거래 규모가 18억 달러(약 2조 1000억 원)를 넘었다. 가장 낮은 가격의 크립토펑크는 약 25만 달러(약 3억 원)다. 유명 가수 제이지Jay-Z, 스눕 독Snoop Dogg, 글로벌 회사 비자VISA도 크립토펑크를 구매했다.

크립토펑크가 이토록 주목을 받는 건 PFP NFT를 넘어 NFT 시장 전반에 원조라는 의미가 있기 때문이다. 크립토펑크는 NFT 표준으로 만들어진 건 아니다. 이더리움을 기반으로 한 암호화폐 표준(ERC-20) 코드를 수정해 만들어졌다. 크립토펑크를 보고 이더리움 개발자들은 이더리움에 암호화폐 외에 NFT 표준의 필요성을 느껴 새로운 NFT 표준(ERC-721)을 만들었다.

이 때문에 크립토 시장에서는 크립토펑크가 ERC-721에 영감을 줬다고 표현한다. 크립토펑크가 크립토 시장의 흐름을 기존 암호화폐에서 NFT로 바꾼 셈이다. 그간의 미술사를 보면, 새로운 흐름의 첫 계기를 만든 작가나 작품이 높은 평가를 받듯이 크립토펑크도 마찬가지다.

2021년 출시된 많은 PFP NFT에 비해 크립토펑크는 2017년도에 탄생한 덕분에, 크립토펑크를 소유한 사람들은 크립토 시장에서 그리고 NFT 시장에서 '얼리어답터', '인플루언서', '전문가'라는 인식이 생겼다. 크립토펑크의 가격도 이미 너무 비싸져서 크립토펑크를 보여주며 자신의 '자산 플렉스'도 가능하다. 한마디로 크립토펑크는 자신의 디지털 지위를 보여주는 셈이다.

이 때문에 크립토 시장에서의 인플루언서나 플렉스를 하고자 하는 사람들은 트위터나 디스코드 계정 프로필 사진을 크립토펑크로 설정하기도한다. NFT 시장에서 유명 인플루언서인 지머니Gmoney는 자신의 모습을 크립토펑크 #8219로 대신하기도 했다.

이 덕분에 크립토펑크를 향한 대중의 소유욕은 점점 커졌고, 수요와 공급 법칙에 따라 크립토펑크의 가격도 치솟고 있다. '가지고 있으면 가치가 오른다'라는 인식이 생겨 투자 수단으로도 자리 잡게 됐다.

크립토펑크는 프로필 이미지를 넘어서서 생태계를 확장하고 있다. 라바 랩스는 2021년 8월 말 할리우드 에이전시 UTA와 계약을 체결했다. 이제 UTA는 크립토펑크의 IP(콘텐츠를 활용할 수 있는 지적재산권)를 영화, TV, 비디오게임, 출판 등 콘텐츠 시장 전반에서 활용할 수 있도록 라이선스를 관리한다. 이에 크립토펑크 팬들은 크립토펑크 캐릭터를 활용한 영화나 TV쇼가 나오는 것이 아닐지 기대하고 있다.

먼 미래에 이루어질 일이 아니다. 크립토펑크는 만화로도 이미 만들어졌다. 픽셀볼트PixelVault가 크립토펑크 캐릭터를 활용해서 제작한 '펑크스코믹PunksComic'이라는 만화 NFT다. 픽셀볼트는 다채로운 스토리를 통해 크립토펑크에 생명을 불어넣기 위해 펑크스코믹을 만들었다고 설명한다. 또 나이키에 인수된 RTFKT는 크립토펑크 캐릭터와 어울리는 가상 스니커즈를 만들기도 했다.

크립토를 비롯한 콘텐츠, 엔터테인먼트 시장에서 NFT의 상징처럼 여겨지는 크립토펑크는 다양하게 활용되며 라바랩스가 나서지 않아도 알아서 크립토펑크 생태계가 만들어지고 있다. 크립토펑크가 더 많이 활용될수록 크립토펑크의 가치는 높아지기 때문에 라바랩스와 팬들 입장에서는 이를 마다할 이유가 없다.

판매한 순간이 새로운 시작이 됐다, BAYC

—

BAYC는 'PFP NFT를 판매하고 나면, 끝'이라는 선입견을 지운 프로젝트다. 크립토펑크가 PFP NFT의 시작이라면, BAYC는 PFP NFT에 어떠한 효용성이 있는지 본격적으로 보여준다. '지루한 원숭이BoringApes'라는 이름을 가진 BAYC지만, 이들의 행보는 결코 지루하지 않다.

BAYC는 유가랩스YugaLabs가 2021년 4월에 1만 개로 출시한 PFP NFT

다. 크립토펑크처럼 컴퓨터 알고리즘으로 다양한 생김새를 무작위 조합한다. BAYC가 처음 출시됐을 당시 개당 0.8이더로 이틀 만에 완판됐다. BAYC의 #3749는 2021년 9월 740이더(약 290만 달러)에 판매됐다. NFT 원조격인 크립토펑크에 결코 뒤지지 않는 인기를 입증한 것이다. 더 나아가 BAYC의 생태계가 성장하는 속도는 크립토펑크를 뛰어넘는다는 평가도 받고 있다.

BAYC는 크립토펑크보다 늦게 출시됐지만, 유가랩스가 소유자들을 중심으로 단단한 커뮤니티를 만들고 BAYC의 효용성과 가치를 끊임없이 제공하고 있어서 빠른 속도로 성장했다. 유가랩스는 어떻게 BAYC의 효용성과 가치를 제공했을까?

BAYC NFT를 소유하면 다양한 혜택이 뒤따른다. 유가랩스는 BAYC NFT 소유자들만 구매할 수 있는 전용 상품을 출시하고, 이들만 입장할 수 있는 '화장실The Bathroom' 사이트를 만들어 화장실 벽에 낙서를 할 수 있게 했다. 화장실 벽 낙서는 특별한 혜택이 아닌 것처럼 보여도 커뮤니티 회원들만 들어가고 공유할 수 있는 공간이 있다는 사실만으로도 소속감을 준다.

또 BAYC NFT 소유자는 자신이 가진 BAYC 이미지에 관한 상업적 사용 권한을 얻기 때문에 자신의 BAYC 캐릭터를 사용해 인쇄물, 티셔츠, 머그잔 등을 만들어서 판매할 수 있다.

유가랩스는 BAYC의 후속 프로젝트도 진행했다. 지루한 원숭이가 키우는 강아지를 NFT로 만든 BAKCBored Ape Kennel Club를, BAYC NFT 소유자들에게 일주일간 BAYC NFT 하나당 1마리씩 무료로 분양했다. 모두가 강아지 NFT를 받은 건 아니었다. 요청한 사람에게만 나눠줬는데, 결국 주인을 찾지 못한 강아지는 늪으로 보내져 다시는 볼 수 없다는 설정을 부여했다.

MAYC Mutant Ape Yacht Club, 직역하면 '돌연변이 원숭이 요트 클럽'이라는 후속 프로젝트도 만들었다. 지루한 원숭이가 '돌연변이 혈청'을 마시면 돌연변이로 변한다는 설정인데, 돌연변이 혈청 NFT를 총 2만 개 발행했다. 기존에 BAYC NFT를 보유한 사람에게는 무료로 나눠주고, 나머지는 판매했다. 돌연변이 혈청 NFT를 자신의 원숭이에게 적용하면 새로운 MAYC NFT를 만들 수 있다. MAYC NFT 소유자에게는 커뮤니티에서 BAYC 소유자보다 낮은 등급이 부여된다.

이것들 외에도 유가랩스는 BAYC를 활용한 다양한 활동을 진행해오고 있으며 앞으로도 할 예정이다. 유가랩스는 마돈나와 U2 등 유명 연예인의 매니저인 가이 오시리 Guy Oseary 와 계약해 향후 BAYC의 할리우드 활동도 예고했다. 2022년엔 BAYC를 위한 새로운 토큰을 발행해 커뮤니티를 더욱 강화하고 있다.

BAYC는 크립토펑크처럼 팬들이 생태계 확대에 참여하고 있다. 차이점이 있다면, BAYC NFT 소유자는 자신이 가진 NFT의 IP를 상업적으로 활용할 수 있기 때문에 크립토펑크보다 재생산이 용이하며 적극적으로 이루어질 수 있다는 점이다.

BAYC NFT 소유자 중 지미 맥닐스 Jimmy McNeils 는 BAYC 캐릭터 4개를 밴드로 데뷔시킨다. 유니버설뮤직 소속 레이블 '10:22PM'에서 킹십 Kingship 이라는 밴드로 활동하며, 킹십은 신곡을 발표할 뿐만 아니라 커뮤니티 기반 제품을 출시하고, 메타버스 경험을 제공하는 등 다양한 활동을 공개할 예정이다.

BAYC #1798 소유자는 자신이 가진 원숭이를 하나의 캐릭터로 만들어

소설을 완성해나가고 있다. 원숭이 요트 클럽에서 일하는 관리인이라는 캐릭터를 부여해 '젠킨스Jenkins'라는 이름도 지어줬다. 가난한 가정에서 자란 젠킨스는 원숭이 요트 클럽에서 일하며 원숭이들의 사건 사고를 뒤에서 조용히 해결해주고, 지금은 자신이 일한 경험을 바탕으로 회고록을 쓴다는 설정이다.

젠킨스 소유자는 '라이팅 룸 NFT' 프로젝트를 시작해 젠킨스 소설의 줄거리, 배경, 장르 등을 만들어나가는 데 참여할 수 있는 투표권이 담긴 NFT를 판매했다. 현재 젠킨스 소유자는 글로벌 에이전시인 CAA와 계약을 맺고 젠킨스 소설을 집필 중이다. BAYC를 활용해 새로운 NFT 프로젝트를 만들어내는 것이다.

이렇게 BAYC 생태계는 끝없이 확대 재생산 중이다. 이는 유가랩스가 BAYC에 관한 기본적인 세계관 설정만 하고 NFT 소유자들이 마음껏 상상의 나래를 펼칠 수 있도록 권한과 자유를 준 덕분이다.

그리고 BAYC는 NFT 소유자들에게 BAYC의 IP로 새로운 프로젝트와 이야기를 만드는 방법을 BAKC와 MAYC를 통해 보여줬다. BAYC NFT 소유자는 자신이 가진 NFT의 가치 상승에 따른 수익뿐 아니라 새로운 프로젝트를 통한 수익도 창출할 수 있는 셈이다.

소유자들이 BAYC를 소유하고 자랑하는 것에 그치지 않고, 유가랩스가 이들에게 지속해서 새로운 경험과 혜택을 제공해 '즐길 거리'를 선사하는 것이 BAYC의 가장 큰 장점이자 특징이다. PFP NFT가 단순한 프로필 이미지를 넘어 사람들을 모으고 움직이는 콘텐츠가 될 수 있다는 걸 가장 잘 보여주는 사례다.

소유자에게 새로운 경험을 선물하는,
PFP NFT

—

"크립토펑크는 NFT의 규칙을 만들었고 BAYC는 게임을 완전히 바꿨다."
- NFT Now

NFT 전문 미디어 《NFT Now》는 크립토펑크와 BAYC를 이렇게 평가했다. 이후 등장하는 PFP NFT는 소유자들에게 각자의 개성을 선보이기 위해 노력 중이다.

1만 개의 위저드 픽셀 이미지 PFP NFT인 '포가튼 룬스 위저드 컬트Forgotten Runes Wizard Cult'는 세계관을 구축했다. 전설의 책에는 위저드에 관한 수천 개의 스토리와 전설, 미신 등이 담겨 있다. 이 시리즈의 NFT 소유자들은 전설의 책에서 스토리를 만들어갈 수 있다. 'WoW World of Women'도 1만 개의 캐릭터로 이뤄진 NFT 시리즈로, 여성 예술가를 지원하고 다양성을 추구하기 위해 만들어졌다. WoW 판매 금액의 15퍼센트를 WoW 펀드로 만들어 크립토 아트에 재투자하고, 판매 금액의 7.5퍼센트는 여성 지원 단체에 기부한다. 그리고 캐릭터의 특성에 따라 WoW 판매에 따른 혜택이 다르다. '데드펠라즈Deadfellaz'는 카툰 좀비로 메타버스 플랫폼인 '디센트럴랜드'에서 다른 NFT 아티스트들과 핼러윈 파트를 열었다. 또 수시로 소유자들을 위한 행사와 대회를 개최해 소유자들에게 다양한 즐길 거리를 주고 있다.

~~~~~~

• 〈Bored Ape Yacht Club: The Ultimate Guide〉 (NFT Now, 2021.08.26)

한정판을 수집하는 재미, 트레이딩 카드

이더리움으로 만들어진 첫 스포츠 트레이딩 카드 NFT '크립토 스트라이커스Crypto Strikers'를 만든 잔니 세티노Gianni Settino는 뉴욕 잭슨 하이츠Jackson Heights 지하철역에서 내려 지나가던 중 84번가와 37번가 코너에 몰린 수많은 인파를 봤다.[•] 그곳에서는 사람들이 성별, 연령, 국적을 가리지 않고 파니니Panini 월드컵 스티커 앨범을 완성하는 데 필요한 스티커를 맞바꾸고 있었다.

이는 뉴욕에서만 벌어지는 광경이 아니다. 축구 팬들이 있는 곳이라면 아르헨티나, 벨기에, 브라질, 독일 등 전 세계 어디서든 볼 수 있는 모습이다. 축구 팬이 아니더라도 좋아하는 연예인의 한정판 굿즈나 사진 세트를 모으려는 수집욕과 소유욕은 흔하다. 그래서 전문 수집가를 위한 시장은 오랫동안 유지되고 있다.

NFT로 인해 수집하는 재미가 디지털 영역으로 확장됐다. 오프라인에서 온라인으로 옮겨온 이 시장에서도 수집가들이 여전히 있다. 트레이딩 카드의 '한정판'과 '희소성'이 NFT의 특징과 맞아떨어지기 때문에 트레이딩 카드 NFT는 다른 어떤 분야보다도 먼저 주목받았다.

앞서 살펴본 PFP NFT가 소유자를 대변하는 기능을 한다면, 이번에 살펴볼 NFT는 수집이 주요한 목적이다.

〰〰〰

● 〈Why We're Putting Sports Cards on the Blockchain〉 (CryptoStrikers 블로그, 2018.05.23)

최고의 덩크슛을 간직하고 싶다면,
NBA 톱 샷

NBA 톱 샷NBA Top Shot은 대표적인 스포츠 트레이딩 카드로 꼽힌다. NBA 톱 샷은 NBA(전미농구협회) 브랜드를 활용해서 팬의 카드 수집 욕구와 습관을 디지털로 잘 해석했다. 덕분에 현재 가장 인기 있는 트레이딩 카드 NFT로 꼽힌다.

NBA 톱 샷은 블록체인 게임 '크립토키티Crypto Kitties'를 개발한 대퍼랩스Dapper Labs가 NBA와 손잡고 만들었다. NBA 팬들에겐 이미 NBA 실물 카드 수집이 익숙하기 때문에 NBA 톱 샷도 낯설지 않다.

NBA 톱 샷은 출시한 지 6개월 만에 총 5억 달러(약 6,000억 원) 규모의 카드를 판매했고 사이트 가입자가 80만 명이 넘었다.[**] 2021년 가장 높은 가격에 팔렸던 NBA 톱 샷 카드는 2020년 10월 11일 르브론 제임스Lebron James의 덩크슛 장면을 담은 약 5초짜리 영상 카드다. 이 카드는 무려 23만 달러(약 2억 7,000만 원)에 판매됐다.

NBA 톱 샷은 경기 하이라이트 순간을 '모멘트'라고 하고 이를 영상으로 트레이딩 카드에 담았다. NBA 팬들은 자신이 좋아하는 선수의 하이라이트 장면을 수차례 돌려 본다. 그 순간의 감동을 잊지 않기 위해서다. NBA 톱 샷 카드를 소유한다면 그 순간은 영원히 카드 소유자의 것이 된다. 특히 어떤 경기 하이라이트 장면도 향후에 똑같은 장면을 만들어낼 수 없기에

〰〰〰〰

[**] 〈Dapper Labs, company behind NBA Top Shot, raises $305 million while being valued at $2,6 billion〉 (USA TODAY, 2021.03.30)

그 희소성은 더욱 높아질 수밖에 없다. 팬이라면 많은 돈을 지불해서라도 내가 좋아하는 선수의 하이라이트 장면이 담긴 카드를 소유하고 싶은 마음이 간절하다.

NBA 톱 샷은 농구 팬들이 기존에 NBA 실물 카드를 구매하고 수집하는 습관을 디지털로 잘 옮겨 왔다. NBA 카드는 1장씩 낱개로 판매하기보다는 여러 장을 하나의 팩에 담아 판매한다. NBA 톱 샷도 여러 장의 카드를 모아 하나의 팩으로 만들어 판매한다. 팩 안에 어떤 카드가 들어 있는지는 팩을 뜯어보기 전까지 모른다. 팩을 뜯는 순간의 설렘과 긴장감을 온라인에서도 느낄 수 있는 셈이다.

NBA 톱 샷은 편의성을 개선한 부분도 돋보인다. 대부분 NFT는 암호화폐로 구매해야 하는 불편함이 있어 구매하지 못하는 사람도 많았다. 하지만 NBA 톱 샷은 기존 농구 팬의 진입장벽을 낮추기 위해 카드로도 구매할 수 있도록 했다.

여기에 NBA 톱 샷은 카드를 모으는 재미와 게임성도 곳곳에 있다. 농구 팬의 도전 욕구를 자극한 것이다. 제한된 기간 안에 특정 카드를 다 모으면 리워드를 주는 챌린지 기능과 일종의 활동 점수와 같은 컬렉터 스코어CollectorSore 기능을 도입했다. 수집가들은 특정 팩이나 특정 모멘트 카드 세트를 모을수록 컬렉터 스코어를 올릴 수 있다. 컬렉터 스코어가 높은 사용자만 구매할 수 있는 특정 팩이 있어 컬렉터 스코어가 높을수록 높은 가치를 지닌 카드를 획득할 가능성이 더 높다. 또 인기가 많은 팩을 판매할 때는 컬렉터 스코어에 따라 다른 사람보다 먼저 카드를 구매할 수 있는 '우선순위 대기열PriorityQueue'에 들어갈 권한을 준다.

NBA 톱 샷 카드 종류를 조금 더 살펴보면, 카드 희소성에 따라 커먼Common, 팬덤Fandom, 레어Rare, 레전더리Legendary 4단계로 나눠진다. NBA 톱 샷은 한 모멘트에 1장의 카드만 발행하는 것이 아니라 한정된 숫자로 발행한다. 그 발행 수에 따라서 희소성이 결정된다. 보통 커먼은 4만 장 정도 발행되고, 레전더리의 발행 수량은 매번 달라지는데 두 자릿수에서 세 자릿수 초반 규모다. 또 같은 모멘트가 담겨 있어도 각각의 카드에는 시리얼 넘버가 있어 완전히 같은 카드는 없다. 시리얼 넘버도 가치 평가에 중요한 요소가 되는데, 앞자리 숫자일수록, 또 모멘트에 나온 선수의 등번호와 같은 번호의 시리얼 넘버일수록 더 높은 가격이 된다.

NBA 톱 샷은 출시한 트레이딩 카드를 판매한 다음, 사용자끼리 마켓플레이스를 이용해 카드를 거래할 수 있다. 수요와 공급에 따라 가격이 결정되어 희소하고 인기 많은 선수의 카드일수록 가치가 올라간다. 이 때문에 농구 팬이 아닌 사람도 투자의 목적으로 NBA 톱 샷 카드를 구매하는 경우도 많다.

아트도 트레이딩 카드에 담은,
큐리오 카드

—

아트 트레이딩 카드도 있다. 앞서 설명한 크립토펑크보다 먼저 나온 '큐리오 카드CurioCards'다. 큐리오 카드는 2017년 5월 아트갤러리의 모습으로 런칭됐으며 이더리움 기반의 첫 NFT 아트 프로젝트로 알려져 있다.

큐리오 카드는 외형부터 카드처럼 생겨서 수집 측면에서는 트레이딩 카드로 볼 수 있지만 아트를 담고 있다는 측면에서 NFT 아트로도 볼 수 있다.

큐리오 카드는 디지털 아트 트레이딩 카드를 특징으로 하는 온라인 아트갤러리로 시작됐다. 오프라인 아트갤러리에서 아티스트의 작품을 전시하고 수집가들이 원하는 작품을 선택해 구매하는 것과 비슷하다. 처음 판매했을 때는 카드 1장당 1달러에 판매했고 모든 수익금은 아티스트에게 돌아가는 구조였다.

사실 큐리오 카드가 처음 등장했을 때는 주목을 받지 못해 약 4년간 방치되다시피 했다. 하지만 최근 NFT가 주목을 받으면서 큐리오 카드도 크립토펑크와 함께 NFT의 역사적인 의미로 주목받고 있다. 이들은 NFT의 가능성을 일찌감치 알아봤지만 좋은 결과를 얻기까지는 4년이라는 시간이 걸렸다.

큐리오 카드는 아티스트 7명의 작품을 모아 총 30개 작품을 세트로 구성했다. 각각의 작품은 발행량이 111~2,000개로 다양하고 개별적으로 거래된다. 크립토펑크가 한 캐릭터당 하나밖에 존재하지 않는 것과는 다르다. NBA 톱 샷과 다른 점은 큐리오 카드는 더 이상 새로운 카드가 나오지 않는다는 것이다. NBA 톱 샷은 NBA 경기가 지속하는 한 새로운 카드를 계속 출시할 수 있다.

큐리오 카드는 총 2만 9,700개가 발행됐고 이 중 4,000개는 잃어버리거나 파괴된 것으로 알려졌다. 카드 중 26번 카드가 가장 희귀하며 111개만 발행됐다. 이 때문에 완전한 세트는 111개뿐이고 현재(2022년 1월 2일 기준) 오직 16명만이 30개 작품을 모두 모아서 세트를 완성했다. 수집가에게 한 세트를 완성한다는 건 중요한 의미다. 그리고 때로는 잘못 생산된 우표처럼 실수로 만들어져 오히려 가치가 높아지는 경우도 있다. 큐리오 카드에도 그런 특수한 카드가 있다. 바로 17B번 카드다.

2021년 10월 큐리오 카드는 크리스티 경매에서 30개 작품의 잘못 발행된 17B번 카드가 총 393이더(당시 약 120만 달러)에 낙찰됐다.* 크립토펑크만큼의 인기는 아니지만, 큐리오 카드는 지금도 꾸준하게 거래되고 있다.

~~~~~~~~

• https://www.christies.com/lot/lot-6337619#details

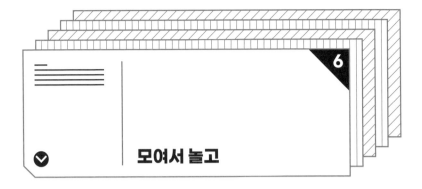

6

모여서 놀고

NFT가 메타버스를 진짜 세상으로
만들어주는 열쇠인 이유

—

"메타버스가 오고 있다. The Metaverse is coming."

엔비디아 CEO 젠슨 황Jensen Huang 은 GTC 2020에서 이렇게 발언했다. 그의 말처럼 2021년은 메타버스의 해라고 해도 과언이 아니었다. 심지어 페이스북은 앞으로 메타버스에 집중하겠다는 의미로 사명을 '메타'로 변경했다.

메타버스는 현실과 가상공간을 의미하는 '메타Meta'와 현실 세계를 의미하는 '유니버스Universe'의 합성어다. 현실 세계와 같은 사회, 경제, 문화 활동이 3차원의 가상 세계에서 이뤄지는 걸 말한다.

아직 완벽하게 메타버스를 구현한 곳은 없기 때문에 여러 의미가 난립하고 있고 메타버스를 '리니지'와 같은 '게임 속 세상'으로만 보는 시각도 있는 것이 사실이다. 리니지 또한 그 안에 나름의 사회, 경제, 문화가 형성되어 있다는 것이다.

하지만 메타버스는 게임과 다르다. 메타버스는 현실과 연결되기 때문이다. 가령 현실과 연결되지 않은 게임 속에서 열심히 노동해도 내 자산의 가치는 그대로다.

하지만 진정한 의미의 메타버스에서 노동은 현실의 자산으로 연결된다. 가상 세계의 노동에 진짜 가치를 부여하는 것, 이러한 일을 가능하게 해주는 것이 바로 NFT다.

이 특징은 사용자가 메타버스에 계속 머무르도록 유인하는 동기가 되기 때문에 중요하다. 메타버스를 게임처럼 단순히 재미를 추구하는 곳으로만 여긴다면, 더 이상 재미를 느끼지 못하고 지겨워진다면 금방 메타버스를 떠나게 된다.

하지만 메타버스 안에서 새로운 수익을 창출하고 내 자산을 인정받아 자산을 축적하게 된다면 어떨까. 이는 사용자가 메타버스 내에 충분히 머물고 참여하는 강력한 동기 부여가 된다. 그동안 온라인 세상에서 구현하지 못했던 자본주의와 경제 시스템이 메타버스에서 실현될 수 있는 것이다.

아직 완벽하게 NFT를 적용한 메타버스는 거의 없지만 시도하는 곳은 있다. 대표적인 곳이 '더샌드박스The Sandbox', '디센트럴랜드Decentraland'다. 먼저 더샌드박스에 관해 살펴보겠다.

브랜드와 셀러브리티가 주목하는, 더샌드박스

2021년 대표적인 메타버스 게임으로 로블록스Roblox가 주목받았다. 로블록스는 사용자가 만든 게임에서 다른 사용자가 게임을 즐기는 플랫폼이다. 사용자는 게임을 만들어 돈을 벌 수 있다.

더샌드박스도 로블록스와 비슷한 시스템을 갖춘 블록체인 기반 메타버스다. 더샌드박스는 사용자가 땅을 사고 그 위에서 게임을 만들거나 자신만의 공간을 꾸밀 수 있다.

더샌드박스 안에서는 '샌드SAND'와 '랜드LAND'라는 토큰을 사용한다. 샌드는 더샌드박스에서 아이템과 땅을 거래할 때 화폐 역할을 하는 암호화폐다. 암호화폐 거래소에서 샌드를 팔아 현금을 마련하거나 현금으로 샌드를 구매할 수 있다. 랜드는 더샌드박스의 땅 면적을 나타내는 단위다. 랜드는 총 16만 6,464랜드로 한정적이다.

더샌드박스는 3가지 요소로 구성된다. 사용자가 아바타의 액세서리나 빌딩, 나무 등 아이템이나 창작물을 만들 수 있는 복스에딧VoxEdit, 여러 아이템과 땅을 사용자끼리 거래할 수 있는 마켓플레이스Marketplace, 더샌드박스 랜드에 게임이나 전시장, 테마파크 등 세상을 만들 수 있는 게임 메이커GameMaker가 있다.

사용자는 창작물을 판매하거나 이용료를 받아서 번 샌드를 현금화할 수 있다. 로블록스에서 게임을 만들어 운영하고 아이템을 판매해서 수익을 창출하듯이 더샌드박스에서도 수익 창출이 가능한 것이다.

더샌드박스는 로블록스와 여러모로 비슷해 보인다. 차이점이 있다면 더샌드박스는 블록체인과 암호화폐, NFT를 적용했다는 것이다. 암호화폐는 샌드, NFT는 랜드와 창작 아이템이다. 로블록스의 자산과 아이템은 로블록스 안에서만 이용할 수 있다. 하지만 더샌드박스의 아이템과 자산은 NFT이기 때문에 더샌드박스 밖으로 나올 수 있다. 로블록스의 자산과 아이템은 로블록스 서버에만 저장되지만, 더샌드박스에서는 블록체인에 저장되기 때문이다. 로블록스의 서비스가 종료되면 로블록스 안에서 사용자가 만들어온 모든 것이 사라지지만 더샌드박스에서는 서비스가 종료되더라도 사용자가 쌓아온 모든 것을 보존할 수 있다.

더샌드박스와 호환이 되는 다른 게임이나 메타버스가 있다면 그곳에서 더샌드박스의 아이템이나 게임을 사용할 수 있다. 더샌드박스에서 만든 아이템을 더샌드박스의 마켓플레이스가 아닌 제3의 마켓플레이스인 '오픈시OpenSea'에서도 거래 가능하다.

특히 더샌드박스의 땅인 '랜드'는 NFT이기 때문에 현실 세계의 부동산 등기부등본과 같은 역할을 한다. 랜드 NFT는 더샌드박스에서의 위치 정보를 담고 있어 동일한 랜드는 존재하지 않는다.

더샌드박스에 NFT가 적용되면서 사용자 사이에서 발생하는 거래 수수료도 줄었다. 기존 마켓플레이스에서는 개발사가 판매자의 아이템 소유 사실과 구매자의 구매 능력을 확인하고 거래를 중개했다. NFT 거래에서는 블록체인이 알고리즘으로 이를 대신할 수 있기 때문에 마켓플레이스의 역할이 줄어든다.

사용자가 로블록스에서 창작한 아이템을 판매할 경우, 판매 금액에서 앱스토어 수수료 25퍼센트와 플랫폼 호스팅 및 투자 비용을 제외한 후 로블록스와 크리에이터가 절반씩 수익을 나눈다. 반면 더샌드박스 마켓플레이스에서 NFT 아이템을 판매할 경우, 마켓플레이스 수수료 5퍼센트를 제외한 나머지가 모두 사용자 몫이다. 샌드와 랜드 소유자는 더샌드박스 운영에 참여할 수 있는 권한도 갖는다. 더샌드박스의 운영 방향과 정책에 관한 의사 결정이 있을 때 발언하거나 투표에 참여하는 방식으로 말이다. 이는 블록체인 플랫폼의 대표적인 특징이며, 이것이 분산형 자치조직, 즉 DAO Decentralized Autonomous Organization 다. 기존 게임사들이 게임의 운영 방향과 정책을 독단적으로 결정했다면, 블록체인이 적용된 서비스나 플랫폼은 토큰을 가진 사용자가 함께 결정한다. 토큰이 기업의 주식과 참정권과 같은 역할을 한다.

이렇게 더샌드박스는 기존 게임, 서비스와 달리 사용자가 함께 만들어간다. 사용자는 게임에서 획득한 게임 자산을 다른 곳에서 활용할 수 있다. 플랫폼은 사용자가 기존 게임에서 누리지 못한 권한에 자유롭게 접근하도록 보장한다. 일례로 사용자는 더샌드박스에서 번 샌드를 게임사의 승인 없이 암호화폐 거래소를 통해 현금화해서 현실 경제에서 쓸 수 있다.

더샌드박스는 현재 가장 뜨거운 메타버스와 NFT가 모두 합쳐진 플랫폼으로 많은 주목을 받고 있다. 2021년 11월에는 소프트뱅크, 애니모카브랜드, LG테크놀로지 벤처스, 삼성넥스트, 컴투스 등으로부터 9,300만 달러(약 1,120억 원)를 투자받았다.

더샌드박스는 다운로드 수 4,000만 건을 돌파했다. 3만 명 넘는 아티스트가 아이템을 판매하고 수익을 올리고 있다. 유명 래퍼 스눕 독과 더워킹데드 The Walking Dead, 아타리 Atari 등의 브랜드와 유명인들이 더샌드박스의 땅을 구매하고 자신만의 공간을 구현하고 있다. 165개 이상의 브랜드를 포함해 1만 2,000명의 소유주가 더샌드박스의 땅을 소유하고 있다.

게임으로 돈을 번다면,
P2E

NFT는 게임 산업에도 새로운 바람을 일으켰다. 새로운 바람의 주인공은 NFT를 적용한 P2E Play to Earn 게임이다. P2E 게임은 돈 버는 게임을 말한다. NFT로 어떻게 돈을 벌 수 있을까?

지금까지 우리가 게임을 어떻게 즐겼는지 떠올려보자. 유료로 즐길 수 있는 게임도 있지만, 무료로 즐길 수 있는 게임도 많다. 무료 게임은 우리의 시간과 노력을 들여서 내 캐릭터를 완성하거나 능력치를 끌어올려 다른 캐릭터와 전투하고 미션을 수행한다. 때로는 현실에서 번 돈을 지불해 더 빠르게 임무를 완수하고 캐릭터를 꾸미거나 더 다양한 콘텐츠를 즐기기도 한다. 돈이나 시간, 노력을 들여 게임을 통해 즐거운 시간을 보내는 것이 목적이었다.

전통적인 게임 시스템에서는 내가 이렇게 노력과 시간을 들여 만든 게임 캐릭터, 아이템이 내 소유가 아니다. 게임사 서버에 저장되는 게임사 소유이며 내가 통제할 수 없다. 게임사에서 서비스를 종료하면 내 게임 캐릭터와 아이템은 사라진다.

NFT를 적용한 P2E 게임에서 플레이어는 기존 게임에서와 다른 방식으로 아이템을 소유한다. NFT를 적용한다는 건 게임 아이템이 내 디지털 자산이 된다는 걸 의미한다. 내 디지털 자산이라면, 마켓플레이스에서 다른 게이머에게 팔 수 있고, 이를 통해 돈을 벌 수 있다. 앞서 살펴본 더샌드박스에서 아이템을 만들어 파는 것과 같은 원리다. 이렇게 게이머들은 게임을 통해 재미와 즐거움 외에도 수익을 창출한다. 이를 '플레이어 소유 경제 Player owned economy'라고 부른다.

이용자(게이머)가 직접 게임 아이템이나 캐릭터를 판매하면 게임사의 수익은 그만큼 줄어들 수 있다고 보는 시각이 있다. 이용자들이 게임사의 유료 아이템보다 이용자가 만든 아이템을 더 많이 선택한다면, 게임사 입장에서는 수익이 줄어들 수밖에 없다.

반대로 게임사의 수익이 늘어나는 시나리오도 있다. 전체 게임 아이템 시장에 관한 수요가 높아지는 시나리오다. NFT 게임 아이템은 소유자가 누군지 명확하게 알 수 있고 위조가 어려워 거래 사기 리스크가 줄어든다. 높아진 신뢰를 바탕으로 게임 아이템 거래 시장의 규모는 이전보다 확대될 수 있다.

이는 게임사도, 게이머도 서로에게 이득이 되는 구조다. 또 게임사가 만든 아이템을 게이머가 마켓플레이스에서 2차 판매할 때 게임사는 판매 금액의 일정 부분을 로열티로 가져갈 수 있다.

최근 NFT 게임과 P2E 게임 용어가 혼재되어 사용되는 경우가 많다. 정리해보면, P2E 게임 중 NFT를 적용하지 않는 게임도 있다. 단순히 게임에서 게이머가 노동하면 게임 토큰을 주고, 이 토큰을 암호화폐 거래소에서 현금화할 수 있는 게임도 P2E 게임의 일종이다. 이러한 게임은 NFT가 적용됐다고 볼 수 없다.

이슈를 불러일으키고는 있지만 NFT가 적용된 P2E 게임의 성공 사례는 아직 많지 않다. 현재 NFT 게임은 대부분 단순한 플레이가 가능한 게임들이며 대표적으로 '엑시 인피니티 Axie Infinity', '소레어 Sorare', '크립토키티' 등이다. 먼저, 엑시 인피니티를 살펴보겠다.

엑시 인피니티로 보는,
게임성과 수익성의 균형

—

한때 유행했던 게임, '포켓몬 GO'는 포켓몬 캐릭터를 수집하는 게임이다. 엑시 인피니티도 비슷하다. 엑시라는 캐릭터를 키워 능력을 높여서 다른 엑시와 전투하거나 엑시끼리 교배해 새로운 엑시를 만드는 게임이다. 엑시는 NFT를 기반으로 한다. 게이머들은 자신이 키운 엑시를 마켓플레이스에서 판매해 수익을 낸다. 희귀한 엑시와 전투력이 높은 엑시는 게이머에게 수요가 높아 더 높은 가격에 판매된다.

엑시 인피니티로 돈을 버는 방법은 엑시 판매 외에도 몇 가지 더 있다. 엑시 인피니티에서 게임 미션을 수행하거나 엑시가 전투에서 승리하면 토큰인 SLP를 획득할 수 있다. SLP는 게임에서 사용할 수 있는 게임 유틸리티 토큰이다. SLP는 엑시 인피니티의 거버넌스 토큰인 AXS로 교환할 수 있으며 SLP와 AXS는 암호화폐 거래소에서 현금화할 수 있다. 더샌드박스의 샌드나 랜드처럼 AXS 소유자는 엑시 인피니티 게임의 운영 방향 등을 결정하는 의사 결정 투표를 하거나 의견을 제안할 수 있다. 또 엑시 인피니티는 아이템 거래 수수료 등을 통한 수익이 발생하면 AXS 보유 비율에 따라 이 수익을 AXS 소유자들에게 배분한다.

이렇게 돈을 버는 방법이 다양하다 보니 동남아 국가에서는 엑시 인피니티가 '돈 버는 게임'으로 이미 유명하다. 엑시 인피니티를 처음 시작할 때는 엑시 3마리를 구매해야 한다. 여기에 초기 비용이 필요한 사람들을 위해서 필리핀에서는 엑시를 대여해주는 사업 '엑시 유니버시티'가 생겼을 정도다.

순위	이름	전체 거래 규모 (달러)	평균 거래 가격 (달러)	거래자 수 (명)
1	오픈시	3.09B	1.11K	491,853
2	매직 에덴	243.92M	324.33	160,686
3	엑시 인피니티	220.96M	76.21	461,847
4	크립토펑크스	146.69M	338.79K	469
5	모박스	110.71M	1.18K	18,579

　　엑시 인피니티 마켓플레이스에서 엑시 거래가 활발하다. 2022년 1월 7일 데퍼랩스 기준, 지난 한 달간 거래 규모 상위 3위인 NFT 마켓플레이스는 엑시 인피니티다.[*]

　　엑시 인피니티 플레이어가 '재미'보다는 '수익'에 집중하다 보니 위상이 조금씩 흔들리고 있다는 분석도 있다. 실제로 거래 시장에 엑시와 SLP를 팔려는 사람만 많아진 것이 엑시 인피니티 성장에 걸림돌이 되고 있다. 엑시 인피니티를 게임으로 즐기는 게이머도 많이 모여야 엑시와 SLP의 수요가 늘어나고, 엑시와 SLP, AXS의 거래 규모도 활발해져 가치도 높아진다. 반대로 SLP의 가치가 떨어지고 엑시의 수요도 줄어들면 게임을 즐기는 사람, 수익을 노리던 사람 모두 엑시 인피니티를 떠날 수밖에 없다. 아무리 돈을 벌 수 있는 게임이더라도 '게임성'이 중요하다.

- https://dappradar.com/nft/marketplaces

희소성과 상호 운용성의 중요성, 소레어

＿

농구에 NBA 톱 샷이 있다면 축구에는 '소레어'가 있다. NBA 톱 샷에서 카드 수집을 중시한다면 소레어에서는 카드 수집은 물론 게임도 즐길 수 있다.

소레어는 사용자가 실제 축구 선수의 모습과 능력치가 담긴 NFT 카드를 모아 팀을 만들어서 경기하는 디지털 축구 게임이다. 축구 선수 NFT 카드는 처음 발행됐을 때 구매하거나 마켓플레이스에서 다른 사용자와 거래해서 획득할 수 있다. 게이머는 수집한 선수 NFT 카드 5장으로 구성된 팀을 만들어, 소레어의 가상 리그 게임에 출전할 수 있다. 출전자들은 실제 선수의 경기 기록을 반영한 시뮬레이션으로 승패를 가린다. 어떤 선수들로 팀을 구성하는지가 중요한 시뮬레이션 게임 '풋볼 매니저'와 비슷하다. 이를 통해 리그에서 높은 성적을 내면 NFT카드나 이더리움 암호화폐인 이더를 받을 수 있다.

소레어는 카드 발행을 제한해서 희소성을 지킨다. 아무리 능력치가 좋고 인기 있는 선수라도 발행량이 많으면 카드의 가치는 떨어지기 때문이다. 희소성의 등급은 커먼common, 리미티드limited, 레어rare, 슈퍼레어super rare, 유니크unique로 나뉘며 커먼에서 유니크로 올라갈수록 발행량은 적어진다. 특히 유니크 카드는 선수당 시즌마다 1장만 발행된다. 인기가 높은 선수의 카드일수록 그리고 발행량이 적은 카드일수록 가치는 더욱 높아진다. 2021년 가장 비싸게 거래된 선수는 맨체스터 유나이티드 FC 소속 크리스티아누 호날두의 유니크 카드로 24만 5,000유로(약 3억 4,000만 원)에 거래됐다.

소레어는 2021년 9월 기준 가입자 수가 60만 명이 넘으며 소레어에서 카드를 1장 이상 보유한 사용자는 7만 5,312명이다. 2021년에는 1월부터 9월까지 소레어에서 발생한 NFT 카드 거래 규모는 약 1억 5,000만 달러(약 1,807억 원)다. 소레어의 인기가 높은 데에는 NFT를 활용한 첫 축구 트레이딩 카드 게임인 것 말고도 세계 유명 축구 구단의 라이선스를 보유한 영향도 있다. 소레어는 파리 생제르맹, 리버풀, AC 밀란 등 유명 구단부터 한국, 일본 등 전 세계 리그의 200개 넘는 구단과 계약해 소속 축구 선수들을 카드로 발행한다. 이 권리는 독점적이기 때문에 경쟁사가 시장에 뛰어들기 어렵게 만드는 진입 장벽이 된다.

소레어는 실제 축구 클럽의 라이선스를 확보하면서 NFT 카드를 현실 세계에서 활용하는 방안도 고민하고 있다. 2022년 소레어는 현실 세계의 경험과 VIP 접근 권한을 제공할 수 있는 NFT를 제공하겠다고 밝히기도 했다.

소레어에서 또 하나 주목할 점은 '상호 운용성'이다. NFT의 가장 큰 특징 중 하나인 상호 운용성은 A 게임에서 사용하던 아이템을 B 게임에서도 사용할 수 있는 걸 말한다. 하지만 아직 NFT 시장 초기인 만큼 상호 운용이 가능한 NFT는 현재 많지 않다.

게임사 유비소프트는 2021년 3월 소레어의 NFT 카드를 이용해 게임을 즐길 수 있는 '원 샷 리그One Shot League'를 출시한다고 발표했다. 소레어의 NFT 카드를 보유한 사용자는 소레어 게임과 원 샷 리그에서 모두 즐길 수 있다. 이처럼 NFT 아이템 자산과 데이터는 다른 외부 개발사나 서드파티가 접근하기 용이하다. NFT의 상호 운용성의 실제 사례를 소레어를 통해 확인할 수 있는 셈이다.

소레어는 NFT의 특징인 희소성과 상호 운용성을 잘 살렸으며 현실 세계와의 연결을 잘 적용하고 시장을 선점한 강점이 있다. 이 덕분에 소레어는 향후 성장 가능성을 인정받고 2021년 9월 소프트뱅크의 주도로 6억 8,000만 달러(약 8,190억 원) 규모의 투자를 받았다. 당시 기업 가치 43억 달러(약 5조 원)를 인정받았다.

즐기는 유저와 돈 버는 유저의 공존,
F1 델타 타임

—

자동차 레이싱 대회 'F1'이 디지털 세상으로 들어왔다. 애니모카 브랜드Animocar brands에서 만든 'F1 델타 타임F1DeltaTime' 게임이다. 이 게임의 특징은 3가지다. 게이머가 레이서racer가 되어 레이싱 게임을 즐기고, 게임 아이템을 NFT로 소유하고, 게임 플레이를 통해 토큰을 보상으로 받는다.

이 게임은 게이머가 자동차 부품을 수집해서 자신만의 레이싱 자동차를 만들고 레이서 용품도 수집해 착용할 수 있다. 이렇게 수집한 부품과 용품이 모두 NFT 게임 아이템이다. 언제든지 '오픈시'와 같은 마켓플레이스에서 거래할 수 있다.

자동차 구성 부품은 차체, 파워유닛, 터보차저, 앞날개, 리어윙, 브레이크, 트랜스미션, 서스펜션 등이다. 부품을 조합해서 원하는 성능의 자동차를 만들 수 있다. 레이서는 장갑, 수트, 헬멧, 부츠 등을 수집해 착용할 수 있다.

자동차 구성 부품과 레이서 용품은 다양한 방법으로 획득할 수 있는데, 직접 구매하거나 보상으로 받을 수 있다. 2021년 3월 자동차 부품과 레이서 용품은 28분 만에 완판됐으며 F1 델타 타임은 180만 달러(약 22억 원)를 벌어들였다. 포뮬러 원의 70주년 기념 에이펙스 카ApexCar 경매도 진행했는데 98만 7,000REVV(27만 달러)에 판매됐다. 낙찰자는 에이펙스 카를 구매하자마자 300만 REVV 가격으로 마켓플레이스에 올렸다.

자동차 각 부품은 최고 속도, 가속, 그립 등의 특징이 다르고 자동차 성능에 전반적인 영향을 준다. 레이서도 착용 용품에 따라 체력, 가속력, 집중도, 공격성 등의 특징이 다르다. 예를 들면 최고 속도와 체력의 조합은 차량이 최종적으로 발휘할 수 있는 최고 속도에 영향을 미친다. 가속력와 집중도가 높으면 최대 속도에 빨리 도달한다. 또 그립과 공격성이 좋아야 자동차가 코너를 돌 때 효율적이다.

현재 F1 델타 타임에서 레이싱 세션은 트라이얼trial 버전과 그랜드 프릭스GrandPrix 베타 버전이 있다. 여기서 특정 기간에 따라 순위 경쟁을 벌이는 경주 이벤트가 진행되고 여기서 결정된 순위에 따라 보상을 받을 수 있다.

F1 델타 타임에는 P2E 요소도 있다. 경기 트랙을 얼마나 완주했느냐에 따라 게임 내 자동차를 업그레이드할 수 있는 SHRD 토큰을, 차량을 구입해 스테이킹하거나 경주에서 이기면 REVV 토큰을 받을 수 있다. 이 토큰들은 F1 델타 타임을 개발한 애니모카의 자동차 레이싱 게임 생태계인 'REVV 모터스포츠 에코시스템'에서 사용할 수 있다. 이 생태계에는 F1 델타 타임은 물론 'REVV 레이싱', '모토지피 이그니션MotoGPIGNITION' 게임도 있다. REVV 토큰으로 이 게임들 안에서 아이템을 구매할 수 있다. 생태계 안에서 게임 토큰들이 서로 연결되어 돌아가는 것이다.

F1 델타 타임에는 P2E 요소와 NFT 아이템의 가치 상승으로 돈을 벌고자 하는 게이머와, 더 좋은 성능의 차량과 레이서를 조합하기 위해 수집을

하는 게이머가 공존한다. 돈을 벌고자 하는 게이머는 NFT 아이템의 가치를 높일 수 있는 방법을 찾아 성능 좋은 아이템을 만들고, 게임을 즐기고자 하는 게이머는 빠른 시간 내에 최고 성적을 내기 위해 비싼 가격의 아이템에 지갑을 연다. NFT 아이템의 수요와 공급이 F1 델타 타임 안에서 적절하게 유지되고 있다.

7

금융 생활을 하고

NFT 금융,
디파이

—

당신이 크립토펑크를 5억 원에 구매했다고 가정해보자. 사람들에게 자랑하면서 가격이 오르길 기다리고 있을 것이다. 그런데 갑자기 집주인으로부터 전세금을 올려달라는 연락이 왔다. 크립토펑크를 사느라 여유 자금을 다 써버렸는데, 심지어 최근 암호화폐 시장이 좋지 않아 당신이 산 크립토펑크는 3억 원으로 가격이 하락한 상태다. 눈물을 머금고 손해를 보고 크립토펑크를 팔아야 할까?

　NFT의 단점이 잘 드러나는 순간이다. NFT는 비용은 많이 들지만, 유동성이 낮다. NFT는 발행량이 1이거나 아주 적어 공급량 자체가 낮아 거래가 활발하지 않다. 비트코인이나 이더와 같은 암호화폐는 대체 가능하기 때문에 유동성이 높지만 NFT는 희소성으로 인해 그렇지 않다. NFT를 팔고 싶을 때 NFT를 구매하려는 사람을 바로 찾기가 쉽지 않을 수 있다. 그래서 자금 여유가 많지 않은 사람은 섣불리 NFT를 구매하기가 망설여진다.

유동성이 낮으면 사용자나 소비자들이 쉽게 지갑을 열지 못한다. 내 돈이 NFT에 얼마나 오래 묶여 있을지 예측하기 어렵기 때문이다. 큰돈을 들여 성장 가능성이 높은 NFT를 샀는데 갑자기 목돈이 필요할 수도 있다. 만약 부동산처럼 안정적으로 가격이 오를 것이라는 믿음이 있으면 그나마 괜찮 겠지만, NFT는 변동성마저 크다. 언제 NFT 가격이 폭락할지 몰라 가슴을 졸여야 할 수도 있다. 이러한 부분이 NFT 활성화에 걸림돌이 된다. NFT가 결국 돈 많은 사람끼리 향유하는 '그들만의 잔치'처럼 보이는 이유다.

하지만 블록체인을 통해 이러한 문제점을 해결하는 서비스가 등장하고 있다. NFT와 디파이DeFi의 결합이다. 디파이는 탈중앙화Decentralized와 금융Financial의 합성어로 블록체인에서 작동하는 금융을 의미한다. 정부나 은행의 통제 없이 투자, 대출, 결제 등이 가능한 금융 서비스다. 디파이에서는 블록체인을 통해 모든 거래 내역이 투명하게 공개되고 거래자의 암호화폐, NFT 등 가상자산의 보유 상황을 쉽게 확인할 수 있다. 또 디파이는 스마트 계약으로 진행되기 때문에 금융거래에서 중요한 신분 확인, 검증, 심사 등의 절차가 간소해진다.

금융이 잘 돌아갈 수 있는 중요한 수단이 법정 화폐인 것처럼, 블록체인의 금융 시스템은 디파이다. 디파이는 NFT가 금융 시스템에 기반이 되는 '화폐'와 '자산'과 같은 역할을 한다. NFT는 디지털 자산 소유권을 증명할 수 있어 디파이의 요소 중 하나로 작동할 수 있다. 그동안 디파이에서 취급한 자산은 비트코인이나 이더와 같은 암호화폐가 대부분이었지만 NFT도 자산으로 취급해 새로운 금융 상품으로 활용할 수 있다.

이렇게 NFT의 가장 큰 단점 중 하나인 유동성을 디파이가 해결할 수 있다. NFT가 확대되면서 NFT를 보유하는 동시에 NFT의 자산 가치를 활용하고 싶어 하는 수요를 잘 충족시킬 것이다.

NFT와 디파이가 결합한 서비스는 지금도 계속 진화하고 있다. 이 중에는 사용자의 선택을 받지 못해 자연스럽게 사라지는 서비스도 있고 사용자의 니즈를 잘 파악해 빠른 속도로 성장하는 서비스도 있다. 현재 출시된 서비스를 바탕으로 어떠한 형태의 서비스가 있는지 살펴보자.

NFT도 담보가 될 수 있다, NFT 담보 대출

—

부동산을 담보로 대출을 받듯이 NFT를 담보로 대출을 받을 수 있다. 이를 NFT 담보 대출이라고 한다. NFT 담보 대출이 오프라인 세계에서의 담보 대출과 다른 점이 있다면, NFT 담보 대출은 은행과 같은 금융 기관 없이 대여자(돈을 빌려주는 사람)와 차입자(돈을 빌리는 사람)가 직접 연결되어 대출 거래를 하는 P2P Peer to Peer가 가능하다는 점이다.

대부분의 NFT 담보 대출 방식은 간단하다. 대여자와 차입자가 약관에 동의하면 차입자가 보유한 NFT 자산은 제3자인 에스크로(P2P NFT 담보 대출 플랫폼) 계정으로 이동한다. 차입자가 기한 내에 대출 원금과 이자를 상환하면 NFT 자산은 다시 차입자 계정으로 옮겨지고, 대출을 갚지 못하면 대여자의 계정으로 넘어간다. 이 과정은 스마트 계약으로 진행되기 때문에 차입자가 대출을 상환하지 않고 도망갈 수 없다. 또 차입자와 대여자의 자산이 블록체인에서 투명하게 공개되기 때문에 차입자와 대여자가 서로를 속일 수 없다. 이 덕분에 오프라인 금융에서 대출을 받을 때 필요한 대출 심사나 차입자의 신용 점수는 NFT 담보 대출에서는 필요 없다.

NFT를 맡기고 돈을 빌린다, NFT 파이

—

NFT 파이NFTfi는 NFT를 담보로 맡기고 암호화폐인 wETH나 스테이블 코인(가격 변동성을 최소화하도록 설계된 암호화폐)인 다이DAI 를 대출받는 서비스다. NFT 파이는 NFT를 보유하고 있지만, 현금이 필요한 차입자와 암호화폐로 이자 수익을 얻고 싶은 대여자를 연결한다. 담보로 가장 많이 사용되는 NFT는 '크립토펑크', 'BAYC', '아트 블록스ArtBlocks' 등이다. 차입자는 담보와 함께 대출 금액, 대출 기간, 이율 등 원하는 대출 조건을 직접 설정해서 NFT 파이 플랫폼에 올린다. 대여자는 NFT 파이에 올라온 여러 NFT 담보물 리스트를 확인할 수 있다. 대여자는 NFT 담보물 리스트에서 NFT 담보물과 대출 금액, 기간 등 조건이 적합하다고 판단되는 담보물을 선택해서 wETH를 빌려준다. 만약 기간 내에 차입자가 대출금과 이자를 상환하지 못하면 담보로 맡긴 NFT는 대여자의 것이 되고, 기간 내에 모두 상환하면 NFT는 다시 차입자의 것이 된다. 이 과정은 이더리움의 스마트 계약으로 진행된다.

대여자는 상대방이 대출을 갚지 못해도 새로운 NFT 자산이 자동으로 넘어오므로 대출 부도를 걱정할 필요가 없다. 하지만 대여자는 담보물의 가치가 하락하는 리스크를 떠안는다. 대출을 실행할 때는 1억 원이었던 NFT를 담보 잡고 8,000만 원을 빌려줬는데 담보물의 가치가 한 달 만에 6,000만 원으로 떨어질 수도 있다.

NFT 파이에서의 담보 대출 이자율은 은행권에서 받는 대출과 비교해 보면 꽤 높은 편이다. 기본 이자율은 20퍼센트를 약간 밑돈다. 크립토펑크를 담보로 대출을 실행한 대여자는 연평균 수익률이 18퍼센트, BAYC는 40~60퍼센트다. 대여자의 수익률은 NFT에 따라 다르며 100~150퍼센트까지 수익을 내는 대여자도 있다.

NFT 파이는 대출을 갚지 못하는 비율, 즉 대출 부도율이 높은 편이다. 2021년 11월 IT 전문 미디어 《테크크런치TechCrunch》에 따르면 NFT 파이의 대출 부도 비율은 약 20퍼센트다.[•] 참고로 우리나라 가계대출 부도율은 0.83퍼센트다(2020년 4분기 기준). 하지만 대여자는 NFT 파이의 높은 부도율을 크게 신경 쓰지 않는다. 전통 금융 시장의 대출 기관과 다르게 NFT 파이의 대여자는 오히려 차입자가 대출을 상환하지 않길 바란다. NFT의 담보율은 보통 자산 가치의 50퍼센트이므로, 만약 차입자가 대출금을 갚지 않을 경우 대여자는 NFT를 50퍼센트 가격에 가질 수 있기 때문이다.

그런데 만약 대출을 제공한 대여자가 갑자기 목돈이 필요하면 어떻게 해야 할까? 차입자에게 상환 기간보다 이른 시일 내에 대출금을 갚으라고 할

• 〈South Africa's NFTfi raises $5M so people can use their NFTs as collateral for loans〉 (Techcrunch, 2021.11.16)

수는 없는 노릇이다. 오프라인 세상에서는 돈을 빌려준 대여자가 목돈이 필요할 때 대출 어음(차입자가 빌린 돈의 지급을 약속하는 증권)을 제3자에게 넘기고 대출 어음 가치에 해당하는 돈을 받을 수 있다.

NFT 파이도 마찬가지다. NFT 파이는 대출 어음을 NFT로 만들어 유통한다. 이 NFT에는 대출 금액, 기간, 이자, 차입자 지갑 주소 등이 표기된다. '오픈시'에서 제3자에게 대출 어음을 파는 것도 가능하다. 오프라인 대출 시스템과 유사한 셈이다.

NFT 파이의 건당 평균 대출 규모는 2만 6,000달러(약 3,132만 원)이며 가장 규모가 컸던 단건 대출은 20만 달러(약 2억 원)다. NFT 담보 대출이 가상 자산 시장에서 주목을 받자 NFT 파이도 성장 가능성을 인정받아 여러 벤처캐피탈로부터 2021년 11월 500만 달러(약 60억 원) 규모의 투자금을 유치했다.

NFT를
주식처럼?

—

NFT에 관심은 많지만 쉽게 구매하지 못하는 사람들이 많다. 아직 불편한 사용 방법도 문제지만 가격도 큰 장벽이다. 모두가 이왕 구매하는 NFT라면 가치 상승을 기대할 수 있는 유명 NFT를 사고 싶지만, 그러한 NFT는 이미 수억 원이다.

이 또한 디파이로 해결하는 방법이 나왔다. NFT 소유권을 분할한다는 발상이다. 기업 가치를 주식으로 나눠 기업 소유권을 여러 주주가 나누듯이, NFT도 지분으로 분할해 여러 사람이 공동으로 소유하는 것이다. 이를 통해 누구나 적은 자금으로도 유명한 NFT를 보유할 수 있다.

또 NFT 소유권 분할로 투자 리스크를 줄일 수 있다. NFT는 가격 변동성이 높은 탓에 하나의 NFT에만 큰돈을 투자하기보다는 여러 NFT에 분산 투자하는 것이 리스크를 줄이는 방법이다.

NFT 소유권 분할은 1,000만 원으로 NFT를 1개 구매하는 대신 100만 원씩 10개의 NFT에 나눠서 투자할 수 있도록 한다. "달걀을 한 바구니에 담지 말라"라는 투자 격언처럼 말이다.

내가 소유한 NFT를 쪼개서 팔아볼까, 프랙셔널 아트

—

NFT 소유권을 분할하는 서비스로는 대표적으로 프랙셔널 아트Fractional Art 가 있다. 이 서비스는 NFT 소유자가 자신의 NFT를 ERC-20 토큰 여러 개로 나눈다. ERC-20 토큰은 이더리움을 기반으로 한 대체 가능한 토큰이다. 기업의 주식처럼 NFT의 소유권을 여러 개로 잘게 쪼갠 것이라고 보면 된다. 이렇게 ERC-20 토큰 여러 개로 나눠진 NFT 소유권은 여러 사람이 소유할 수 있다.

NFT 소유권을 여러 개로 쪼개려면 우선 NFT 원소유자가 프랙셔널 아트에 방문해 '금고Vault'를 만든다. 이 금고는 NFT의 분할 소유권을 저장하는 저장소가 되고, 이는 분할 소유권 토큰으로 100퍼센트 전환된다. 이렇게 분할된 소유권은 NFT 원소유자가 원하는 방식으로 활용할 수 있다.

프랙셔널 아트에서는 소유권을 다양한 방식으로 나눠서 활용할 수 있다는 점이 핵심이다. 경매 사이트에서 판매할 수 있고 스시스왑SushiSwap과 같은 탈중앙화 거래소에 예치해 이자를 받을 수도 있다. 또 친구에게 무료로 나눠줄 수도 있다. 나만의 팬들을 보유하고 있다면, 팬들에게 선물로 나눠주는 것도 가능하다.

프랙셔널 아트에는 NFT 바스켓NFT Baskets이라는 기능이 있다. 사용자가 수집한 NFT를 바스켓에 테마별로 담아, 바스켓에 대한 소유권을 분할하는 것이다.

만약 내가 PFP NFT 10개와 트레이딩 카드 NFT 5개, NFT 그림 4개를 보유하고 있다면, 나는 PFP 바스켓(PFP NFT 10개), 트레이딩 카드 바스켓(트레이딩 카드 NFT 5개), 그림 바스켓(NFT 그림 4개)으로 3개의 NFT 바스켓을 만들 수 있다. 그리고 이 3개의 바스켓에 관한 분할 소유권 토큰을 각각 만들 수 있다. 가령 PFP 바스켓의 분할 소유권 토큰 100개, 트레이딩 카드 바스켓의 분할 소유권 토큰 50개, 그림 바스켓에 관한 분할 소유권 30개로 분할할 수 있다.

만약 트레이딩 카드 NFT에만 관심이 있는 사용자가 있다면, 나의 트레이딩 카드 바스켓에 관한 분할 소유권만 구매하면 된다. 구매자는 트레이딩 카드 NFT 5개에 관한 소유권 일부분을 보유하게 되는 것이다. 구매자는 적은 돈으로 필자의 트레이딩 카드 NFT 큐레이션을 구매하는 것과 마찬가지다.

바스켓을 만든 NFT 원소유자는 분할 소유권 토큰을 보유한 사람들로부터 별도의 큐레이션 수수료를 받을 수도 있다. 일종의 자산 관리 비용과 유사하다. 다만 큐레이션 수수료가 너무 높아지지 않도록 프랙셔널 아트 플

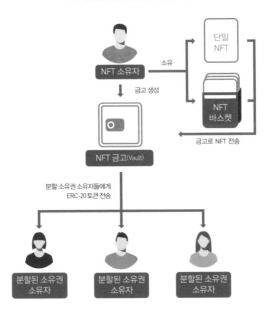

랫폼에서 가이드라인을 준다.

바스켓 기능은 오프라인 갤러리와 비교해보면 이해하기 쉽다. 갤러리에는 큐레이터의 취향이 담긴다. 큐레이터의 취향에 따라 갤러리에서 판매하거나 전시하는 그림들이 달라진다.

작품을 감상하고 구매하는 사람들은 자신의 취향과 맞는 갤러리에 자주 방문한다. 자신의 취향과 잘 들어맞는 작품들로만 구성된 갤러리를 발견한다면, 갤러리에 전시된 작품을 모두 구매할 수도 있다. 자금 여유가 된다면 말이다.

NFT 바스켓도 이와 마찬가지다. NFT 바스켓의 분할 소유권을 사는 건, 바스켓을 만든 NFT 원소유자의 큐레이션을 구매하는 것이다. 다만 차이

점이 있다면, 전체 소유권이 아닌 각 그림의 소유권 일부분씩만 소유한다는 점이다. 그리고 큐레이션 비용과 작품 관리 비용을 NFT 원소유자에게 지급한다.

NFT 소유권을 분할한 원소유자에게는 여러 기능과 혜택이 있는데, 그렇다면 NFT 분할 소유권을 구매한 사람에게는 어떤 권리가 있을까? 분할 소유권이라도 NFT를 판매할 권한이 있는 걸까?

비록 소유권의 일부지만, 분할 소유권 소유자는 해당 NFT를 소유했다고 할 수 있다. 해당 NFT를 언제든 감상할 수 있다. 또 분할 소유권을 보유한 만큼 해당 NFT의 예비 가격에 투표할 수 있다. 예비 가격이란 NFT가 판매되거나 경매에 나왔을 때의 최저 입찰 가격을 말한다. NFT가 매각된다면, 보유한 분할 소유권의 지분만큼 배분받는다.

새우끼리 모여 고래를 이겨보자, 파티비드

———

내가 이미 구매한 NFT의 소유권을 여러 개로 나누는 방법이 있다면, NFT를 사기 위해 여러 사람을 모으고 구매에 성공한 뒤 소유권을 나누는 방법도 있다. 펀드와 약간 비슷하다. 파티비드_{PatryBid}가 이런 방식이다. 값비싼 NFT 경매에 참여하기 위해 파티원을 모으고 입찰에 참여한다는 의미에서 파티비드다. 파티비드가 등장한 건 오래되지 않았다. 2021년 8월 초에 출시됐다.

누구나 경매에 참여하고 싶은 NFT가 있다면 파티비드의 구성원을 모으면 된다. 구성원이 모였으면 경매에 참여하기 위해 자금을 모은다. 이때 자금은 이더로 모금한다. 구매하고자 하는 NFT가 경매로 진행된다면 경매 최저가 이상 또는 NFT가 고정된 가격이라면 그 가격 이상의 이더를 모아야 한다. 경매 최저가 또는 고정된 가격 이상의 이더리움이 모였다면 NFT 구매에 성공한 후 남은 이더는 구성원들에게 되돌려준다. 구매가 확정된 후에는 구성원들이 이더를 낸 만큼 이에 해당하는 NFT 소유권 지분을 갖는다.

소유권 지분은 ERC-20 토큰 형태로 분배받는다. 자신이 NFT의 소유권 일부를 소유하고 있다는 증명서와 같다. 성공적으로 ERC-20 토큰이 발행되어 분배되면 파티비드 플랫폼은 NFT 구매 금액의 2.5퍼센트를 수수료로 받는다. 만약 NFT 구매에 실패하면 모았던 이더는 다시 구성원들에게 돌려준다.

자금을 모으거나 NFT 소유권을 분배하는 과정은 모두 스마트 계약에 의해 이뤄진다. 오프라인에서는 자금을 모을 때 특정인이 사기를 치거나 횡령할 여지가 있다. 하지만 파티비드는 이 과정에서 사람의 개입이 없어서 안전하다.

파티비드가 출시된 지 얼마 되지 않았을 때, 478명이 모인 리빙데드Living Dead 파티는 크립토펑크 #2066 경매에 참여했고 1,144.5ETH(약 320만 달러)에 낙찰받았다.•

~~~~~~

• 〈Can't Afford a CryptoPunk? New Platform Lets Buyers Join Forces to Buy NFTs〉 (TheDefiant, 2021.08.06)

NFT 투자를 더 쉽게,
NFT 자산 관리

—

NFT의 유동성을 높이기 위한 NFT 담보 대출 서비스도, NFT 소유권을 쪼개는 서비스도 나왔지만, 여전히 NFT 투자는 어렵다. NFT가 처음 접하는 자산의 유형이기도 하지만, 우리의 금융 생활이 그동안 워낙 쉽고 편리해진 이유도 있다. 금융 시장에는 예금을 넘어 펀드, 주식, ETF, IRP 등 다양한 상품이 등장했고 스마트폰 등장 후에는 스마트폰으로 손쉽게 송금, 결제, 투자를 하면서 금융의 편리함에 익숙해졌다. 이에 아직은 사용성과 편의성이 낮은 NFT가 더 어렵고 불편하게 느껴진다.

우리에게 익숙한 금융 생활을 NFT 시장에도 적용하려는 기업이 있다. 성공적으로 안착한다면 스마트폰으로 간편하게 주식을 사고 내 증권 계좌를 수시로 들여다보며 수익률을 확인하듯 NFT 투자 생활도 비슷해질 수 있을 것이다.

NFT 투자 결정부터 관리까지,
NFT 뱅크

—

많은 NFT 서비스가 해외 기업인 반면, NFT 뱅크는 국내 스타트업이다. NFT 뱅크는 투자자들이 NFT에 투자한 후 이를 제대로 관리하기 어렵다는 니즈를 잘 파악했다.

지금의 주식 투자를 생각해보면, 증권사 앱에서 터치 몇 번만으로 주식을 사고, 이후에는 내가 언제 얼마에 주식을 샀고 현재 수익률은 얼마인지 쉽게 확인할 수 있다. 하지만 NFT 투자는 그렇지 않다. 내 NFT 자산을 보관하는 크립토 지갑이 있지만, 말 그대로 다른 사람이 훔치지 못하게 안전하게 보관만 하는 지갑일 뿐이다. NFT 자산에 투자한 후에, 언제 NFT를 얼마에 샀는지, 이 NFT의 가치는 지금 얼마 정도인지, 그래서 나의 지금 수익률은 얼마인지를 한눈에 파악하기 어렵다.

더군다나 NFT의 가치는 우리에게 익숙한 원화로 바로 볼 수 있는 것이 아니라 1차적으로 이더 등의 암호화폐 단위로 확인해야 한다. 정확한 수익률을 계산하기 위해서는 (NFT를 이더로 구매했다고 가정한다면) 구매 당시 NFT의 이더 가치, 당시 이더의 원화 가격, 현재 NFT의 이더 가치, 현재 이더의 원화 가격을 모두 알아야 한다. 생각만 해도 복잡하다.

NFT 뱅크는 사용자의 NFT 거래 내역, 현재 투자 수익률, NFT 자산 현황 등을 한눈에 파악할 수 있도록 대시보드로 보여준다. 증권 앱에서 내 계좌의 자산 내역을 보는 것과 마찬가지다.

또 NFT 뱅크는 NFT의 현재 가치에 관한 정보가 부족하다는 점도 NFT 투자에서 개선해야 할 점으로 봤다. NFT의 현재 가치를 제대로 알아야 잘 사고 잘 팔 수 있다. 하지만 NFT는 각각 다른 특징과 가치를 가지기 때문에 적정한 가격을 알기 어렵다. NFT 뱅크는 거래량, 커뮤니티 등 NFT 관련한 다양한 데이터를 분석해 NFT의 실시간 시세를 분석해주는 서비스를 제공한다. 이를 통해 투자자에게 매도 타이밍을 알려주거나 저평가된 NFT 매수 추천도 한다.

사용자가 크립토 지갑이나 이메일 주소 등을 NFT 뱅크에 연동하면 자동으로 사용자의 NFT 자산과 활동 기록이 NFT 뱅크 계정으로 넘어온다.

연동 후에는 NFT 뱅크 대시보드를 통해 자산 현황과 수익률을 볼 수 있으며, 자산 가치를 법정 통화로 확인할 수 있다.

NFT 뱅크는 사용자의 NFT 자산 현황 외에도 블록체인 서비스별 유저 수 추이, NFT 거래 현황 등 시장 상황도 제공한다. '팔로우' 기능을 통해 다른 투자자의 포트폴리오나 투자 동향도 참고할 수 있다.

NFT 뱅크는 NFT 투자자의 가려운 곳을 잘 찾은 덕분에 빠르게 성장하고 있다. 2020년 말에 220억 원이었던 NFT 뱅크 고객의 총자산은 2021년 9월 말 2조 3,400억 원으로 급증했다.

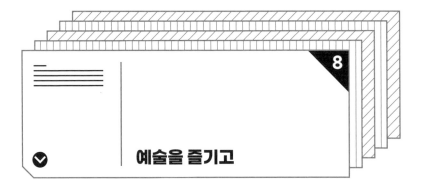

8

예술을 즐기고

NFT는 예술 시장의
구원자?

—

NFT는 예술 시장에 혁신을 일으키고 있다. NFT가 그동안 예술 시장의 한계점으로 꼽혔던 점들을 개선하면서 예술 작품을 사고팔고, 감상하는 방법을 바꾸고 있다.

특히 불투명하고 독점적이었던 미술 시장을 투명하고 열린 시장으로 변화시키는 중이다. NFT가 미술을 포함한 예술 시장의 한계점을 어떻게 해결해가는지 보자. NFT가 예술 시장에 일으키고 있는 혁신은 지속 가능할까? 그 안에 어떤 기회가 숨어 있을까?

NFT가 위작을
걸러낼 수 있을까

—

예술업계에서는 위작이 항상 골칫거리다. 자신이 만들지 않은 작품을 직접 만들었다고 속이기도 하고 위작을 만들어 팔기도 한다. 미술 전문가가 아니라면 이를 구별하기 쉽지 않다.

NFT를 발행할 때는 발행자의 이름을 입력한다. 한 번 입력한 발행자 이름은 블록체인에 기록되어 삭제하거나 변경할 수 없다. 그래서 NFT 작품 구매자는 판매자가 위조품을 판매하고 있는지, 아니면 다른 사람이 발행한 NFT를 몰래 훔쳐 자신이 만들었다고 속이는지 블록체인에서 쉽게 확인할 수 있다.

그렇다고 원작자 확인이 완전하게 해결되는 건 아니다. NFT 발행자의 이름은 속일 수 없지만 NFT 발행자가 예술 작품의 실제 창작자인지는 확인하기 어렵기 때문이다.

이 때문에 어도비Adobe는 디지털 아트를 만들 때 창작자의 이름을 입력하는 기능을 개발했다. 하지만 여전히 약점이 있다. 무단 도용자가 오프라인에 존재하는 예술 작품을 원작자의 허락 없이 NFT로 발행하면서 자신의 이름을 입력하면 무단 도용자가 원작자인 것처럼 속일 수 있다. NFT 자체의 문제라기보다는 오프라인에서 온라인 전환 과정의 허점을 악용하는 수법이다.

위작을 거래하려는 사기꾼들의 존재는 NFT 아트 시장에서 해결해야 할 숙제로 여전히 남아 있다.

디지털 콘텐츠에
소유권 부여

—

NFT가 디지털 콘텐츠에 소유권을 부여한다는 점은 앞서 여러 차례 설명했다. 디지털 콘텐츠 소유권의 위력은 예술 시장에서도 발휘한다.

그동안 디지털 콘텐츠 소유권은 확인하거나 증명하기 어려웠다. 만약 내가 비싼 돈을 주고 디지털 그림을 샀더라도 해커가 내 컴퓨터를 해킹해 훔쳐가면 원래 내 소유였다는 걸 증명할 방법이 없었다. 또 내가 산 그림을 친구가 복제해 본인이 돈 주고 산 원본 그림이라고 속일 수도 있었다. 내가 가진 그림이 원본인데, 이 또한 증명할 방법이 없었다.

NFT 소유자는 소유권을 쉽게 증명할 수 있다. 누구든지 투명하게 공개된 거래 내역을 확인할 수 있기 때문이다.

원본과
복제품의 구분

—

디지털 콘텐츠가 그동안 돈이 되기 어려웠던 건 쉽게 복제할 수 있다는 점 때문이었다. NFT 그림도 복제는 쉽다. 이미지를 캡처해도 되고 음악 파일을 복사해도 된다. 하지만 그러한 복제본과 NFT 원본은 구분된다. 모든 NFT에는 ID가 있기 때문이다. 만약 원본 NFT가 아닌 복제품 NFT라면 ID가 다르거나 NFT 형태가 아닐 것이다. 이 덕분에 NFT 그림은 복제는 많이 될 수 있지만 원본의 희소한 가치는 유지할 수 있다.

크리에이터
수익 증대

—

크리에이터는 NFT 콘텐츠를 통해 이전보다 수익을 확대할 수 있다. 현재 예술 작품은 갤러리를 통해, 음악은 음원 유통사를 통해 판매된다. 소비자와 크리에이터 사이엔 중간 연결 고리가 많아 유통 수수료가 적지 않았다. 하지만 NFT는 크리에이터와 소비자의 직거래가 가능하다. 이를 통해 크리에이터는 거래 수수료를 줄일 수 있다.

게다가 크리에이터는 NFT 작품이 거래될 때마다 판매 금액의 일부를 로열티로 받을 수 있게 설정할 수 있다. 현재 예술 시장 구조에서는 화가가 구매자에게 그림을 100만 원에 판매하면 이후 그 작품이 유명해져서 구매자가 1,000만 원에 그림을 팔더라도 화가에게 돌아가는 수익은 처음 판매했던 100만 원이 전부다. NFT 작품은 시장에서 화가의 그림이 1,000만 원에 거래됐다면, 화가는 거래 금액 중 일정 비율을 로열티로 받아 추가 수익을 올릴 수 있다. 화가 입장에서는 자신의 몸값을 올릴수록 작품 재판매로 인한 수익이 커져 꾸준하게 작품 활동을 이어나갈 동력이 된다.

NFT의 이러한 특징 덕분에 예술은 더 적극적으로 온라인으로 들어왔다. 그 결과 소수의 전유물이던 예술이 인터넷을 타고 대중에게 확대됐다.

이로 인해 2021년 NFT 시장에서 예술 분야가 주목받았다. 관련 서비스와 플랫폼도 빠르게 성장했다. 2017년 오픈시가 제일 먼저 NFT 마켓플레이스를 오픈한 데 이어 수많은 마켓플레이스가 등장했다. 지금도 많은 기업이 NFT 마켓플레이스 시장의 문을 두드리고 있다.

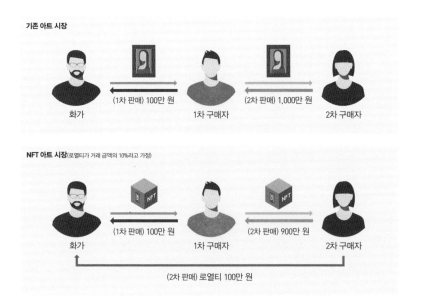

NFT시장의 아마존,
오픈시

—

오픈시는 2017년에 만들어진 세계 최대 규모의 NFT 마켓플레이스다. 오픈시 창업자 데빈 핀저Devin Finzer는 2017년 NFT 게임 '크립토키티'가 인기를 얻는 것을 보고 '모든 NFT를 위한 아마존이나 이베이를 만들면 되겠다'라고 생각했다. 이후 친구였던 알렉스 아탈라Alex Atallah와 함께 오픈시를 만들었다.

오픈시에서는 누구나 NFT를 발행할 수 있다. 새롭게 발행한 NFT나 소유한 NFT를 자유롭게 사고팔 수 있는 오픈 마켓이다. 더샌드박스, 엑시인피니티, NBA 톱 샷 등 특정 서비스에서 사용하는 NFT도 사고팔 수 있다.

판매자와 구매자를 연결하는 대부분의 마켓플레이스, 플랫폼이 그렇듯 오픈 마켓은 시장 선점이 중요하다. 판매자와 구매자가 늘어날수록 더 많은 판매자와 구매자가 모이기 때문이다. 판매자는 더 많은 구매자가 있는 곳으로 모이고, 구매자는 다양한 상품을 보고자 판매자가 많은 곳을 찾기 마련이다. 플랫폼은 어느 정도 규모가 형성되고 시장을 선점하고 나면 쉽게 1위의 자리를 내어주지 않는다. 아마존과 이베이가 그렇듯 말이다.

오픈시도 NFT 마켓플레이스를 일찌감치 선점한 덕분에 1위 자리를 줄곧 차지하고 있다. 2022년 1월 15일 기준 누적 거래 규모는 146억 달러•(약 17조 원), 일일 거래량은 2억 1,000만 달러••(약 2,529억 원)를 기록했다. 사용자는 60만 명 이상이며 오픈시에 등록된 NFT는 8,000만 개 이상이다.

오픈시의 가장 큰 특징은 NFT 아트뿐 아니라 음악, 수집품, 게임 아이템, 도메인 등 NFT로 된 모든 것을 거래할 수 있다는 점이다. 다른 마켓플레이스인 '라리블Rarible', '슈퍼레어SuperRare'에 등록된 것도 오픈시에서 찾아볼 수 있다. 말 그대로 NFT계의 아마존이 된 것이다.

오픈시가 현재 지원하는 블록체인은 이더리움, 폴리곤Polygon, 클레이튼이다. 이는 이더리움 표준으로 만든 NFT가 아닌 폴리곤이나 클레이튼 표준으로 만든 NFT도 오픈시에서 거래할 수 있다는 의미다. 오픈시는 더 많은 NFT 거래를 지원하기 위해 플로우Flow와 테조스Tezos 블록체인도 적용할 예정이다. 오픈시가 여러 블록체인을 지원하려는 이유는 NFT를 발행하거나 거래할 때 드는 수수료 비용을 줄이기 위한 목적도 있다. 이더리움

• dappradar.com
•• Dune.xyz

은 여전히 수수료의 일종인 가스피가 높기 때문이다.

오픈시의 거래 수단도 다양하다. 이더로 거래하는 것이 기본이지만, 판매자가 원한다면 다른 토큰을 추가해 거래할 수 있다. 현재 지원되는 토큰은 240가지가 넘는다.

오픈시는 3가지의 거래 방식을 적용했다. 판매자가 판매가를 고정하는 방식, 경매에서 높은 가격을 제시한 구매자가 낙찰하는 방식, 거래 종료 기간이 가까워질수록 구매자가 나타날 때까지 가격이 하락하는 방식이다.

거래자들이 '거래를 원하는 NFT'를 '블록체인 종류'에 상관없이 '다양한 거래 수단'을 사용해서 자신에게 '유리한 거래 방식'을 선택할 수 있는 자율성을 높인 셈이다. 이를 통해 많은 구매자와 판매자를 오픈시로 끌어들였다.

NFT를 거래할 때 오픈시 몫인 거래 수수료는 판매 금액의 2.5퍼센트다. 수수료는 오픈시가 자동으로 공제하기 때문에 구매자는 크게 신경 쓸 필요가 없다.

NFT 제작사나 크리에이터가 추가로 수수료를 설정할 수 있다. 만약 판매자가 더샌드박스에서 구매한 랜드를 오픈시에서 100이더에 판매했다고 가정해보자. 더샌드박스의 수수료가 3퍼센트라고 가정하면, 판매자는 100이더에 팔았지만 실제로 손에 쥐는 돈은 94.5이더다. 우선 오픈시의 수수료 2.5이더(2.5퍼센트) 그리고 더샌드박스의 수수료 3이더(3퍼센트)를 제하기 때문이다.

오픈시는 높은 인기 덕에 2021년 유니콘 기업이 됐다. 유니콘 기업은 기업 가치가 10억 달러(약 1조 원) 이상인 스타트업을 말한다. 2021년 7월 앤드리슨 호로위츠Andreessen Horowitz 주도로 1억 달러(약 1,200억 원) 규모의 투자를 유치할 때 기업 가치는 15억 달러(약 2조 원)로 평가됐다. 2022년 다

시 기업 가치 133억 달러(약 16조 원)로 평가받으며 패러다임Paradigm, 코우
튜Coatue로부터 3억 달러(약 3,614억 원)의 투자금을 유치했다.

NFT 업계에서 주목받고 있는 오픈시지만 골칫거리도 있다. 누구나
NFT를 발행하고 판매할 수 있다 보니, 자신이 만든 그림이 아니더라도 자
신이 그린 것처럼 속이고 NFT로 발행해 판매하는 사기가 늘어났다. 또는
인기 있는 NFT인 크립토펑크나 BAYC와 유사하게 만든 NFT 컬렉션을 오
픈시에 올려 구매자들이 크립토펑크나 BAYC로 착각해 구매하도록 유도
하는 경우도 있다.

오픈시는 이러한 일을 방지하기 위해 공인에게는 계정 프로필에 '블루
체크마크Blue checkmark'를 부여한다. 마치 인스타그램에서 유명인이나 공
인의 계정에 '블루배지'라고 불리는 인증 배지Verified Badge를 부여하는 것
과 같다. 블루 배지를 받은 계정은 유명인이 운영하는 계정 또는 기업의 공
식 계정이라는 의미다.

큐레이션으로 차별화된
NFT 아트갤러리, 슈퍼레어

—

오픈시가 NFT의 모든 것을 거래할 수 있는 오픈 마켓과 같다면 '슈퍼레어'
는 아트갤러리와 같은 역할이다. 오프라인 예술 시장에서의 아트갤러리가
NFT 시장으로 들어왔다.

아트갤러리의 역할을 잠깐 살펴보면, 아트갤러리는 큐레이터를 통해 작
품성 있는 또는 앞으로 성장 가능성이 큰 작가의 작품을 선별하고 이 작품

들을 갤러리에 전시한다. 갤러리 관람객들은 전시된 작품을 감상하고 구매한다. 아트갤러리는 좋은 작품을 선별해 작가와 관람객 또는 구매자를 연결하며 작품이 팔릴 때 수수료를 받는다.

오픈시에는 누구나 NFT 작품을 올려서 판매할 수 있지만, 슈퍼레어에는 누구나 NFT 작품을 올릴 수 없다. NFT 작품을 올리고 싶다면 먼저 슈퍼레어에 신청하고 심사를 통과해야만 한다. 슈퍼레어는 진입이 어려운 만큼, NFT 투자자들 사이에서 슈퍼레어에는 작품성 있는, 믿을 수 있는 작품만 있다는 인식이 생겼다. 무명작가의 작품이 심사를 통과해 슈퍼레어에 올라오면 그 작가의 다른 작품도 높게 평가받는 경우도 있다. 이렇게 슈퍼레어는 다른 마켓플레이스와의 차별점을 '까다로운 큐레이션 시스템'에 두고 있다. 작품을 고르기 어려워하는 초보 투자자에게는 좋은 큐레이션 시스템인 셈이다.

최근 슈퍼레어는 DAO(탈중앙화 자율화된 조직)를 구성해 DAO 구성원들이 작가를 심사하는 프로그램도 진행한다. 슈퍼레어 토큰인 RARE를 보유한 사람이면 누구나 슈퍼레어 DAO에 참여할 수 있다. DAO에 선택된 작가의 작품은 '슈퍼레어 스페이스SuperRareSpaces'에 오른다. 이는 기존 슈퍼레어 갤러리와는 독립적으로 운영된다. 블록체인의 탈중앙화 철학을 작품 큐레이션에도 적용한 것이다.

슈퍼레어는 오픈시보다 수수료율이 높다. 작품 창작자로부터는 판매 금액의 수수료 15퍼센트를, 구매자로부터는 3퍼센트를 받는다. 하지만 오프라인 갤러리의 수수료가 30~50퍼센트인 것을 감안하면 저렴한 편이다. 그리고 작품이 거래될 때마다 해당 작품의 창작자는 거래 금액의 10퍼센트를 로열티로 받을 수 있다.

슈퍼레어는 작품의 '고급화' 이미지를 잘 구축했다. 슈퍼레어에서 NFT 작품 가치는 다른 마켓플레이스에서 올라오는 작품보다 더 높게 인정받는다. 2021년 8월 기준으로 그동안 슈퍼레어에서 작품을 판매한 창작자는 누적 1,400명 이상, 총 판매 금액은 9,000만 달러(약 1,085억 원) 규모다. 1인당 평균 7,100만 원어치를 판매했다.

슈퍼레어는 NFT 업계에서도 높은 평가를 받는다. 2021년 6월 삼성전자 투자 자회사인 삼성넥스트, 세일즈포스 창업자 마크 베니오프Marc Benioff, 미국의 억만장자 투자자 마크 큐반Mark Cuban 등으로부터 900만 달러(약 109억 원) 투자금을 유치했다.

크리에이터에 집중하는, 클립드롭스

―

국내에서 개발한 마켓플레이스로는 그라운드X의 클립드롭스Klip Drops가 있다. 클립드롭스는 오픈시처럼 누구든지 NFT 작품을 만들어 올리는 시스템은 아니다. 클립드롭스에서 선정한 작품만 올라온다.

클립드롭스는 크게 '1D1D', '디팩토리dFactory', '마켓'Market 3가지 기능이 있다. 1D1D에는 클립드롭스가 선정하고 협약을 맺은 크리에이터의 작품들이 올라온다. 하루에 단 1명의 작품만 공개되어 작품의 첫 판매(드롭)가 이뤄진다. 매주 수요일부터 일요일까지 오전 9시부터 경매나 선착순 에디션으로 작품을 구매할 수 있으며 사용 화폐는 클레이튼의 클레이KLAY다. 클립드롭스에 너무 많은 작품을 올리기보다는 하루에 1명의 크리에이터에게 집중해 더 많이 조명하려는 목적이다. 1D1D에는 회화, 조각, 미디어 아트, 일러스트 등 장르에 구분 없이 다양한 작품들이 올라오며 대부분 국내 아티스트가 소개된다.

1D1D가 예술의 영역이라면 디팩토리는 '컬렉터블collectable'에 가깝다. 독창적인 아이디어와 특색 있는 정체성을 가진 아티스트의 작품을 선착순으로 살 수 있다. 디팩토리엔 비정기적으로 작품이 올라온다.

마켓은 클립드롭스에서 1차 판매된 NFT를 개인이 거래하는 마켓플레이스다. 1D1D나 디팩토리에서 NFT 구매 기회를 놓쳤다면 마켓에서 구매할 수 있다.

클립드롭스는 한정판 멤버십 프로그램 '드롭스 라운지'도 만들었다. 클립드롭스에 올라온 작품을 일정 수량 이상 구매한 이용자들만 참여할 수 있다. 드롭스 라운지 멤버들은 작가와 교류할 수 있는 혜택을 포함한 여러 가지 특전이 있다. 드롭스 라운지는 폐쇄적 커뮤니티로 운영한다. 누구나 참여할 수 있는 기존 마켓플레이스 커뮤니티나 크리에이터 커뮤니티와 차별화하기 위해서다.

현재 클립드롭스는 전문가들을 구성해 작가를 선정하지만 향후 클립드롭스 커뮤니티가 선정한 크리에이터의 작품도 선보일 계획이다. 또 작품 구매 장벽을 낮추기 위해 클레이 외 신용카드 결제와 이더 결제도 도입할 예정이다.

클립드롭스의 차별화 전략은 큐레이션이다. 클립드롭스에 NFT는 유망한 크리에이터가 대중에게 더 많은 관심을 받고 더 많은 사람이 예술과 문화를 감상할 수 있는 수단이다. 그래서 클립드롭스는 '한정판 디지털 아트 & 컬렉터블스 큐레이션 갤러리'를 내세우고 있다. NFT 자체보다는 NFT를 통해 예술과 문화 분야에 새로운 시장을 열겠다는 의미다.

소장품으로 전시회를 열 수 있는,
NFT 갤러리

—

NFT 작품을 마켓플레이스에서 구매했다면 작품을 감상하거나 자랑할 차례다. 구매한 NFT 작품이 내 크립토 지갑 안에 잘 보관되어 있지만, 지갑 안에만 넣어놓기엔 뭔가 아쉬울 것이다. 오프라인 세상에서도 예술 작품을 구매했다면 거실이나 내 방 어딘가에 걸어둘 것이다. 사람들의 이러한 욕구는 온라인에서도 마찬가지다. 그래서 내 NFT를 마음껏 전시할 수 있는 NFT 갤러리도 등장했다.

대부분 NFT를 지원하는 메타버스 플랫폼은 플랫폼 안에서 자신만의 갤러리를 꾸밀 수 있도록 지원한다. 갤러리도 어떠한 공간이 필요하고 여러 사람이 방문할 수 있도록 오픈된 공간이면 더욱 좋기 때문에 메타버스와 잘 어울린다. 앞서 살펴봤던 메타버스 플랫폼 '더샌드박스'나 '디센트럴랜드'에서는 사용자가 땅을 구매해 그 땅 위에 자신만의 공간을 꾸밀 수 있듯이 갤러리도 만들 수 있다. 메타버스 플랫폼 중 '크립토복셀CryptoVexels'은 더샌드박스처럼 게임을 만들거나 다른 사람과 상호 작용을 할 수 있지만, 다른 메타버스 플랫폼보다 갤러리 전시회로 많이 활용된다.

크립토복셀의 메타버스 공간에서 갤러리를 짓고 NFT 작품을 전시하는 건 어렵지 않다. 크립토복셀에 자신의 크립토 지갑을 연동하면 된다. 특히 크립토복셀은 자신의 크립토 지갑에 있는 작품 외에도 다른 사람 소유의 작품을 전시할 수 있다. 작품의 이미지 링크만으로도 NFT 파일 이미지를 가져와 전시할 수 있어서 자신의 취향에 맞는 갤러리를 자유롭게 만들 수 있다. 신진 작가에게는 자신의 작품만 전시하는 갤러리를 만드는 기회가 된다. 전시된 작품을 클릭하면 작품의 오픈시 구매 페이지로 이동할 수 있기 때문에 작품 판로로도 활용할 수 있다.

NFT를 오프라인에서 감상할 수 있는 오프라인 NFT 갤러리 '시애틀 NFT 뮤지엄Seattle NFT Museum'은 2022년 1월 미국 시애틀에서 오픈했다. 여기서 6주 마다 새로운 전시를 오픈할 예정이다.

삼성전자도 2022년 1월 초 미국 라스베이거스에서 열린 세계 최대 가전 전시회 'CES 2022'에서 NFT 작품을 감상할 수 있는 TV를 공개하고, NFT 마켓플레이스 '니프티 게이트웨이Nifty Gateway'는 NFT 작품을 태블릿과 안드로이드 TV에서 감상할 수 있는 앱을 출시했다. 오프라인에서도 감상하기를 원하는 수요가 여전히 있기 때문에 관련 서비스와 플랫폼이 계속 나올 것으로 예상된다.

뮤지션과 팬의 거리가 가까워진다, NFT 음악

—

음원 스트리밍 서비스는 음악을 즐기는 사람에겐 더할 나위 없이 좋은 서비스다. 매월 일정 요금만 내면 수많은 음원을 무제한으로 들을 수 있다. 하지만 뮤지션들에겐 좋은 서비스가 아니다. 스트리밍 수익의 90퍼센트는 상위 1퍼센트 아티스트에게 돌아간다.[*] 스트리밍 서비스만의 문제가 아니

• 〈Data Shows 90 Percent of Streams Go to the Top 1 Percent of Artists〉 (RollingStone, 2020.09.09)

다. 음악이 팬에게 전달되려면 복잡한 유통 과정을 거쳐야 하는 음원 시장 전체 구조의 문제다. 유통 과정에서 수수료와 유통 비용이 빠져나가고, 뮤지션은 음원 판매 금액에서 평균 12퍼센트만 가져간다.[**] 음악 산업에서도 NFT를 찾는 이유다.

뮤지션과 팬은 NFT 음원으로 중간 유통 과정 없이 직접 거래할 수 있다. 이로 인해 뮤지션과 팬의 거리는 더욱 가까워진다. 가까워진 만큼 뮤지션과 팬은 더 많은 상호 작용을 할 수 있고 더 깊은 관계를 구축할 수 있게 된다.

뮤지션은 팬과 직접 거래하면서 '진정한 팬'과의 연결 고리를 지속할 수 있다. 이전에는 음원이나 CD를 판매하고 나면, 자신의 팬이 음원을 구입했는지 아니면 팬이 아닌 사람이 음원을 구매하고 다른 사람에게 선물했는지 알 수 없었다. 한번 판매된 음원과 CD는 그 이후에 어떻게 소비되는지 알 길이 없기 때문이다.

음원과 CD 판매를 통해서는 '판매한 데이터'만 볼 수 있지 '보유한 데이터'는 드러나지 않는다. 하지만 NFT 음악은 '보유한 데이터'를 담고 있다. NFT는 소유권을 증명하기 때문이다. 뮤지션은 자신의 NFT 음악을 소유한 사람이 누구인지 알 수 있고, 소유한 사람의 크립토 지갑 안에 담긴 다른 NFT 음악도 알 수 있다. 한마디로 팬의 음악 취향을 더 자세히 알 수 있게 되는 것이다. 또 팬의 크립토 지갑 계정을 알면, 그 계정으로 자신의 업데이트 소식, 새로운 스페셜 음원, 디지털 굿즈 등을 전달할 수 있다. 팬과의 소

[**] 〈Musicians Get Only 12 Percent of the Money the Music Industry Makes〉 (RollingStone, 2018.08.07)

통을 지속할 수 있는 방법이다.

그리고 뮤지션은 자신의 NFT 음악이 다른 사람에게 재판매가 됐는지 여부도 추적할 수 있다. NFT 음악 재판매 거래 내역을 조회한 뮤지션은 떠나간 팬 대신 새로운 팬에게 접근할 수 있다.

팬 입장에서는 NFT를 통해 자신이 좋아하는 뮤지션에게 직접 후원할 수 있다. 음악을 결제한 돈이 뮤지션에게 바로 가기 때문이다. 만약 2차 판매 시장에 나온 음원을 팬이 구매하면, 구매 금액의 일부가 NFT 음악을 발행한 뮤지션에게 로열티로 지급되어 이 또한 뮤지션을 후원하는 방법이다. NFT 음악이 아닌 일반 음원이나 CD는 재판매 시장에서 구매한다고 해도 뮤지션에게 돌아가는 수익은 없다.

뒤에서 자세하게 알아보겠지만, 뮤지션은 NFT를 통해 팬들에게 특별한 혜택을 제공할 수도 있다. 뮤지션이 발행한 NFT를 보유한 팬에게만 콘서트 앞자리를 제공하거나 특별 팬사인회 참석 권한을 줄 수 있다. 음악 산업도 NFT 덕분에 뮤지션과 팬 사이의 거리가 한층 더 가까워지고 투명해지며 관계가 더 깊어질 수 있는 셈이다.

NFT 음악도 무료로 스트리밍, 니나

—

니나는 NFT 음악 스트리밍 플랫폼이다. 뮤지션이 자신의 음원을 니나에 올리면 사용자가 무료로 음악을 들을 수 있다. 사용자나 팬이 NFT 음원과 앨범을 구매할 수도 있다. 다만 구매를 하더라도 오프라인 앨범을 받을 수 있는 건 아니다. 팬이 NFT 구매로 뮤지션을 후원하도록 돕는 사업 모델이다.

니나는 NFT를 혜택의 일종으로 활용한다. 팬이 자신이 좋아하는 뮤지션의 NFT를 구매하면 뮤지션이 설정한 혜택을 받을 수 있다. 예를 들어 콘서트 티켓을 판매할 때 NFT를 보유한 사람은 티켓 판매 시간보다 30분 먼저 구매할 수 있다. 콘서트 티켓팅이 어려운 유명 뮤지션의 팬들에게 더할 나위 없이 좋은 서비스다.

또 니나는 팬들이 내는 돈은 모두 뮤지션에게 간다고 강조한다. 대부분 음악 관련 사이트가 판매 금액의 일부를 플랫폼 이용 수수료로 가져가는 것과는 반대다. 니나는 팬이 뮤지션으로부터 NFT를 구매할 때 거래 수수료를 제외한 다른 비용은 받지 않는다. 대신 판매자로부터 NFT 재판매 수수료만 판매 금액의 1.5퍼센트를 받는다. 니나의 수익 모델은 팬들이 뮤지션의 NFT를 재판매할 때 발생하는 수수료다.

뮤지션은 니나에서 판매한 NFT 음악 관련 데이터도 볼 수 있다. 기존 음악 산업에서는 뮤지션의 굿즈가 팬들에게 판매되더라도 고객 데이터가 없다. 있더라도 기획사의 소유였다. 뮤지션의 굿즈를 팬들에게 판매하는 과정에 기획사가 있고, 기획사가 이를 기획하고 만들어 판매했기 때문이다. 하지만 NFT는 블록체인이 적용됐기 때문에 NFT를 판매한 데이터는 뮤지션도 언제든 볼 수 있다. 기획사 또는 소속사와 뮤지션의 계약이 종료되더라도 뮤지션은 팬의 데이터를 계속 확보하고 팬과 소통할 수 있다. 이를 통해 뮤지션은 현재 자신의 NFT 음악을 보유한 '진짜 팬'에게 접근할 수 있다.

좋아하는 뮤지션의 음원 저작권을 소유한다,
로열

—

스트리밍 음원 저작권료의 소유권 일부를 NFT로 발행해 팬들에게 판매하는 플랫폼도 있다. NFT 음원을 발매했던 3LAU와 스타트업 오픈도어Opendoor 창업자인 JD 로스JD Ross가 공동창업한 '로열Royal.io'이다. 뮤지션은 로열을 통해 음원 저작권료의 일부를 NFT로 바꾸어 팬들에게 판매하고, 팬들은 이를 구매한 후 저작권료의 일부를 받거나 NFT 거래소에서 매도할 수 있다.

로열은 뮤지션이 음원 저작권료를 받을 수 있는 권리를 직접 판매하고 팬들이 구매하는 과정을 통해 뮤지션들이 거대 자본에 휘둘리지 않고 음악의 독립성과 창작성을 지킬 수 있다고 봤다.

현재 음악 시장에는 돈이 부족해서 하고 싶은 음악을 하지 못하는 뮤지션이 많다. 기획사에 소속된 뮤지션이라면 기획사와 함께 음악을 만들어나가는 과정에서 자신만의 음악적 색깔을 잃는 경우도 있다. 로열은 뮤지션이 자신의 특색 있는 음악을 좋아하는 팬에게 음원을 판매하고 이를 통해 팬의 지원을 받으면 다양한 창작 활동을 유지할 수 있다고 본 것이다.

뮤지션이 음원 저작권료의 일부를 NFT로 판매하는 방식은 이렇다. 뮤지션들은 자신의 음악 중 로열에서 판매할 음악을 골라 저작권료의 몇 퍼센트를 부분 '소유권 NFT'로 판매할지 선택한다. NFT에는 음원 저작권료의 부분 소유권 외에 팬들을 위한 스페셜 트랙, 디지털 아트 등을 포함할 수 있다. 정해진 건 없다. 뮤지션이 원하는 대로 정하면 된다.

이 NFT를 구매한 소유자는 이후 음원 저작권료의 분배를 뮤지션에게 요청할 수 있다. 저작권 비용 전달 시기와 방법 등은 뮤지션이 직접 정한다. 뮤지션의 인기가 많아져 저작권료 수입이 늘어나면 해당 NFT를 샀던 가격보다 더 높은 가격으로 NFT 거래소에서 팔 수도 있다. 거래소에서 NFT를 구매한 사용자도 NFT 안에 포함된 스페셜 트랙이나 디지털 아트 등의 권리를 받는다.

3LAU는 자신의 음원 스트리밍 저작권료의 50퍼센트를 2021년 10월 수백 개의 NFT로 판매했다. 래퍼 나스NAS는 2022년 1월 '울트라 블랙Ultra Black'과 '레어Rare' 스트리밍 음원 저작권료 소유권 일부를 로열에서 판매했다. 울트라 블랙은 총 3티어로 구성된 760개의 NFT로 판매됐다. 골드 티어는 50달러에 구매해 스트리밍 저작권료의 0.0143퍼센트를, 플래티넘 티어는 250달러에 구매해 0.0857퍼센트를, 다이아몬드 티어는 4,999달러에 구매해 2.14퍼센트를 받을 수 있다.

로열은 아직 베타 서비스 중이며 많은 음원이 올라오지는 않았다. 하지만 이미 적지 않은 규모로 투자 유치에 성공했다. 2021년 11월 앤드리슨 호로위츠로부터 5,500만 달러(약 662억 원) 규모, 같은 해 8월에는 파운더스 펀드Founders Fund로부터 1,600만 달러(약 193억 원) 규모의 투자를 받았다.

9

일상생활을 즐기고

투자를 넘어
일상으로

———

NFT는 일상생활에서도 활용될 수 있다. NFT는 단순히 디지털 자산 혹은 투자 수단이 아니기 때문이다. 무언가 불변한 속성을 가지거나 무제한으로 만들어지지 않는 것 그리고 어떤 자산에 관해 누군가의 소유 증명이 필요한 곳이라면 NFT를 적용할 수 있다.

이러한 특징을 가진 것들은 생각보다 많다. 오프라인 공간에서 '나의 것'으로 특징 지을 수 있는 모든 것은 디지털 공간에서 NFT를 적용할 수 있다. 가수의 콘서트에 갈 때마다 모았던 콘서트 티켓이나 박물관 티켓 등 특별한 추억이 담긴 물건일 수도 있고, 부동산이나 주식 등 실물 자산에 관한 소유 증명이 될 수도 있다. 또 특허권과 같이 특별한 권리를 증명하는 데도 NFT가 활용될 수 있다.

하지만 아직 일상에 적용된 NFT는 많지 않다. 지금까지 대부분의 NFT는 투자 자산으로만 봐온 시각이 많고, 빠르게 가치가 상승하는 것 위주로 NFT 시장이 형성됐기 때문이다. 여전히 NFT는 크립토 지갑이 필요하거나 암호화폐로 구매해야 하는 등 사용하기 어렵다는 점도 일상생활에 NFT를 적용하는 데 걸림돌이 된다. NFT의 사용성이 늘어나고 사람들이 NFT의 다양한 쓰임새를 알게 되면 일상생활에 적용하는 NFT도 확대될 것으로 예상된다.

행사 주최자와 참가자 모두에게 유익한 툴, POAP

—

콘서트나 박물관, 이벤트에 갔을 때 받는 티켓을 잘 정리해 모으는 친구 한두 명쯤은 주위에서 쉽게 볼 수 있다. 나중에 그 티켓을 봤을 때 당시의 추억을 떠올릴 수 있는 수집 활동이다. 내가 그동안 어떤 행사에 참석했는지 한눈에 확인하기도 쉽다. 그리고 그 행사에 참석했다는 걸 다른 사람에게 증명할 수 있는 방법도 바로 티켓이다.

이러한 콘서트, 박물관 티켓이 NFT 안으로 들어왔다. POAP Proof Of Attendance Protocol다. 이름의 의미를 풀어보면 '참석 증명 프로토콜'이다. 이벤트 주최 측은 이벤트 이름과 날짜, 특정 디자인이 담긴 유니크한 배지 POAP를 참석자들에게 나눠준다. 참석자들은 이 POAP를 받아서 모은다.

POAP는 오프라인 행사뿐 아니라 온라인 행사에서도 발행할 수 있다.

2019년에 출시된 POAP은 이더리움 기반으로 만들어졌다. 현재 200만 개 이상의 POAP이 발행됐고 40만 개 이상의 크립토 지갑에 POAP가 들어 있다.

POAP는 다른 NFT처럼 금전적인 가치를 갖지 않는다. 하지만 POAP는 행사 주최측과 참석자 모두가 유용하게 활용할 수 있고 특별한 기념품이 될 수도 있다.

주최 측은 POAP를 통해 행사에 실제로 참석한 사람들이 누구인지 알 수 있다. 간혹 티켓 구매만 하고 참석하지 않는 사람도 있지만 POAP는 현장에 왔을 때 그리고 온라인 행사에 참석했을 때만 받을 수 있다.

POAP는 각 행사에 참석한 사람들의 리스트를 누구나 확인할 수 있기 때문에 주최 측이 참석자들을 관리하기도 용이하다. 이들을 대상으로 행사가 끝난 이후에도 특별한 혜택을 제공하는 등 관계를 계속 유지해나갈 수 있다.

POAP는 '참석 기념품'의 역할로만 끝나지 않는다. 주최자들이 POAP에 다양한 기능을 추가할 수 있다. POAP를 행사 성격에 맞춰 특별하게 디자인할 수 있는 것은 물론 행사에 참석해 POAP를 보유한 사람만을 대상으로 프라이빗 채팅방, 추첨, 특별 이벤트 등의 서비스를 진행할 수 있다. 이로써 참석자의 적극적인 행사 참여를 유도할 수 있다.

주최 측은 POAP를 마케팅으로도 활용한다. 주최 측은 행사를 준비할 때 어떤 사람을 대상으로 마케팅을 해야 할지 난감할 때가 있다. 하지만 준비한 행사와 유사한 성격의 행사 POAP를 소유한 사람들을 찾으면 마케팅 타깃도 쉽게 찾을 수 있다.

참석자들은 POAP가 있으면 행사에 참석했다는 걸 별도로 증명할 필요가 없다. 함께 행사에 참석한 사람들을 쉽게 구별할 수 있어 참석자들끼리 특별한 모임을 가질 수도 있다. 그리고 내가 그동안 참석했던 POAP를 누구나 확인할 수 있도록 공개할 수도 있다. 유사한 행사에 참석했던 사람들끼리 서로를 알아보고 정보를 공유할 수도 있다. 그들만의 커뮤니티를 만들 수 있는 셈이다.

POAP는 다양한 행사에서 사용되고 있다. 탈중앙화 거래소 '스시스왑'은 DAO 주간 커뮤니티 회의 참석자에게 그리고 메타버스 플랫폼 '디센트럴랜드'의 유저 파티 참석자에게 POAP를 배포했다. 정기적인 행사가 있는 경우에는 POAP를 일정 개수 이상 가진 참석자를 대상으로 특별한 혜택을 제공할 수도 있다. POAP를 많이 보유할수록 충성도 높은 참석자임을 증명하는 것이기 때문이다.

아디다스는 자사의 '컨펌드CONFIRMED' 앱을 통해 앱 사용자를 대상으로 POAP를 발행했다. 아디다스 POAP을 소유한 사람들을 아디다스 메타버스 여행에 초대한다고 명시했지만 구체적으로 어떠한 혜택이 있는지, 어떤 일들을 할지는 아직 공개하지 않았다.

다만, 더샌드박스에서 아디다스만의 랜드를 구입한 것을 보면 더샌드박스에 설계한 아디다스 메타버스 공간에 입장할 때 사용할 수 있는 입장권 역할을 할 것으로 보인다.

POAP는 참석자들이 나의 행사 참석 기록뿐 아니라 다른 사람의 기록도 확인해서 당시의 추억과 정보를 공유할 수 있는 수단이다. 행사 주최자이자 POAP 발행자에게 POAP는 참석자들을 대상으로 여러 이벤트를 열고 로열티를 측정해볼 수 있는 좋은 툴이 되고 있다.

사기와 암표를 막는 NFT 티켓, 티켓민트

POAP가 행사 참석을 증명한다면, 행사 입장을 위해서는 NFT 티켓이 필요하다. 콘서트나 영화관, 행사 입장을 위해 NFT 티켓을 발행해주는 플랫폼으로 티켓민트TicketMint가 있다. 행사에 입장하기 전에는 티켓 NFT가, 참석한 후에는 POAP이 활용될 수 있다.

NFT 티켓은 말 그대로 디지털 티켓이다. NFT 티켓 소유자는 콘서트나 영화관에 입장할 때 전송받은 NFT 티켓을 입구에서 보여주고 입장하면 된다. 관람이 끝난 후 NFT 티켓은 POAP처럼 수집해서 보관할 수 있고, 구하기 어려웠던 티켓이라면 마켓플레이스에서 높은 가격에 판매할 수도 있다. NFT 티켓과 POAP가 비슷해 보이지만, POAP는 행사에 참여한 것 자체에 의미를 두는 반면, 티켓 NFT는 티켓을 통한 입장권 역할에 보다 의미를 둔다.

티켓민트는 NFT 티켓 시장에 진출했다. 기존 티켓 시장의 여러 문제점을 블록체인 기술로 해결하기 위해서다. 티켓 시장의 가장 큰 문제점은 티켓을 원래 가격보다 더 높은 가격에 판매하는 암표와 가짜 티켓을 판매하는 사기 티켓이다. NFT로 이러한 문제를 해결할 수 있는 길이 열린 것이다.

NFT 티켓에는 발권된 티켓마다 고유 인식 번호가 부여된다. 이를 통해 티켓 구매자는 티켓이 실제로 발행된 곳이 어디인지 확인할 수 있어 사기 티켓 구매를 방지할 수 있다. 또 NFT 티켓의 경우 티켓 소유자가 변경될 때마다 티켓 발행사는 소유자 변경 기록과 거래 가격을 추적할 수 있기 때문에 암표를 막을 수 있다.

티켓 발행처는 영화나 콘서트를 실제로 관람한 고객을 확인할 수 있어 이들의 충성도가 높아질 수 있도록 이후 관련 행사 정보를 제공하거나 할인 혜택 등을 제공할 수도 있다.

티켓 판매 수입은 스마트 계약을 통해 행사 주최 업체, 콘텐츠 제공 업체, 장소 제공 업체 등 관련 회사들에 자동으로 배분되어 정산 과정 또한 간소화할 수 있다.

아직 NFT 티켓을 본격적으로 도입한 곳은 많지 않지만, 시도하려는 움직임은 있다. 티켓민트는 디지털 자산 제작사이자 유통업체인 에픽Epik과 파트너십을 맺고 향후 에픽이 개최하는 다양한 이벤트의 티켓을 NFT로 발행할 예정이다. 에픽은 음악 아티스트, 기업 및 게임회사 등을 포함해 1,000개 이상의 브랜드와 협력하고 가상콘서트, e스포츠 이벤트로도 확장하고 있다.

우리나라에도 NFT 티켓을 발행한 사례가 있다. CJ올리브네트워크는 2021년 열린 부산국제영화제에 NFT 티켓을 도입했다. 영화제 티켓 솔루션을 담당한 CJ올리브네트워크는 암표 문제와 허위 매물, 위조 등의 문제를 해결하기 위해 NFT라는 대안을 찾은 것이다. 티켓 사용자 입장에서는 크게 달라진 점을 느끼지 못할 수도 있지만, 티켓을 발행할 때 티켓마다 고유 번호가 부여되기 때문에 영화제 주최 측은 암표, 위조 등을 효과적으로 막을 수 있었다.[•]

~~~~~~~

• 〈[인터뷰] 영화제 티켓이 NFT 기술을 만난 이유는? CJ올리브네트웍스 곽이삭 님〉 (채널CJ, 2021.11.25)

부동산 거래도 NFT로,
프로피

—

부동산 거래 과정은 몹시 복잡하다. 거래 금액 자체가 크다 보니 사기를 방지하기 위해 복잡한 절차와 중개인 등 여러 안전장치를 마련해야 하기 때문이다. IT 기술이 발전하면서 여러 산업에서 혁신이 일어났지만 부동산만큼은 여전히 오프라인에서 거래된다.

이렇게 과감한 혁신보다는 보수적인 안전 거래가 우선으로 여겨지는 부동산 시장에서도 NFT가 중요한 역할을 할 수 있다. NFT가 소유권을 증명할 수 있는 대상이 '디지털 자산'에만 머무르지 않기 때문이다. 오프라인 자산도 소유권 인증서를 디지털화해 이를 NFT로 발행하면 자산을 인증할 수 있다.

실제로 부동산 거래에 블록체인을 적용한 플랫폼 '프로피Propy'는 부동산 거래에 NFT를 활용하는 시도를 하고 있다.

NFT를 적용해서 부동산을 거래하는 행위는 법적인 이슈가 있어 구조가 복잡하다. 우선 NFT를 적용할 부동산은 프로피의 법인명으로 해당 부동산이 있는 정부에 등록된다. 프로피는 부동산의 소유권이 담긴 NFT를 발행하고, 이 NFT를 실제 부동산 소유자에게 전송한다.

이 때문에 만약 부동산 소유자가 부동산 거래를 NFT로 진행하길 원한다면 자신이 소유한 부동산을 프로피에 먼저 신청해야 한다. 거래 형태는 구매 희망자들이 입찰가를 써서 경쟁하는 경매 방식과 일반 거래 방식이 있다.

실제로 프로피는 2021년 6월 우크라이나 키이우Kyiv에 있는 아파트 소유권 NFT 경매를 진행했다. 이 아파트는 IT 전문 미디어《테크크런치TechCrunch》창업자인 마이클 애링턴Michael Arrington의 소유였다. 마이클 애링턴은 2017년 이 아파트를 프로피로부터 6만 달러에 구매했다. 당시 프로피가 발행한 암호화폐인 PRO 토큰으로 결제했다.•

이 경매는 27시간 동안 진행됐고 시작 가격은 2만 달러였다. NFT가 경매에서 낙찰되면, 아파트 소유권 NFT는 낙찰자에게 이전된다. 이 아파트 소유권 NFT는 미국 샌프란시스코에 있는 개발자 데본Devon에 의해 36ETH(당시 약 9만 달러)에 낙찰됐다.••

프로피는 부동산 소유권 NFT를 판매자의 크립토 지갑에서 구매자의 크립토 지갑으로 바로 전송하는 P2P 거래 방식을 채택하고 있다.

판매자와 구매자가 부동산 소유권 NFT를 직접 거래하면 부동산 거래 절차가 훨씬 더 쉽고 빨라진다. 또 블록체인 기술이 적용되기 때문에 위조를 하거나 부동산을 보유하지 않은 사람이 부동산을 보유했다고 사기를 칠 수도 없다.

부동산 거래에 NFT 활용이 확대되려면 법적인 이슈 등 풀어야 할 과제가 많다. 하지만 NFT가 부동산 거래 과정에서 많은 중간 절차를 줄여 거래 비용을 낮추는 건 물론, 중개인과 중개기관의 영향력을 줄일 수 있을 것으로 보인다.

• 〈An Entire Real Estate Deal Takes Place Online, Using Cryptocurrency Technology〉(WSJ, 2017.09.26)
•• 〈Propy Delivers Major Breakthrough with Trillion Dollar Potential in World's First Real Estate NFT Auction〉(Propy 블로그, 2021.06.11)

나를 대신할 가상 인간,
iNFT

—

만약 더샌드박스 안에 나만의 갤러리를 만들었더라도 항상 더샌드박스 갤러리에 직접 상주할 수는 없다. 현실 세계에 나와 밥도 먹고 회사도 가야 한다. 하지만 내가 없을 때 내 친구들이, 아니면 내 그림에 관심 있는 사람이 더샌드박스 갤러리에 방문하면 어떻게 할까?

나를 대신할 내 아바타를 더샌드박스 안에 머물러 있도록 하면 된다. 아바타는 내가 없을 때 내 그림을 설명해주고 친구에게 내 근황을 알려줄 수 있다.

아바타에 내 말투, 내가 자주 하는 행동, 내가 좋아하는 것들, 내 친한 친구의 간단한 인적사항 등을 학습시키면 내가 없는 동안 내 역할을 할 수 있다. 때로는 나와 대화하는 말동무가 되기도 할 것이다.

아바타는 더샌드박스에만 있지 않아도 된다. 디센트럴랜드에서 재미난 파티가 열리면 디센트럴랜드로 옮겨가 파티에 참여할 수도 있다.

아직은 상상 속의 일이다. 2020년 말부터 메타버스가 떠오르면서 여러 메타버스 플랫폼에서 내 역할을 할 아바타가 언급되기 시작했다. 온라인 세상 속, 메타버스 속 나의 역할을 할 아바타가 필요하기 때문이다. 그래서 더샌드박스나 디센트럴랜드는 물론, 온라인 게임만 봐도 항상 나를 대신할 아바타가 있다.

아바타가 하나의 게임 안에서만 활동하는 것이 아니라 여러 메타버스를 돌아다니며 내 역할을 해야 하는 시대가 오고 있다. 그래서 아바타에도 상호 운용성이 필요해졌다. 아바타 NFT에 관한 관심이 조금씩 커지고 있는 이유다.

또 미래에 내 아바타가 나의 분신과 같은 역할을 한다면, 내 정체성을 담고 있다면, 누군가 내 아바타를 훔치거나 그대로 따라 만들지 않을까 걱정이 될 수도 있다. 연예인의 SNS 계정이 도용당하는 것만 봐도 이러한 우려는 괜한 걱정이 아니다. 이 때문에 아바타도 보안과 소유권 증명이 필요하다. 또다시 NFT가 필요한 순간이다. 그래서 메타버스와 아바타 NFT는 향후 뗄 수 없는 관계가 될 것으로 보인다.

이를 위해 블록체인 스타트업 알레시아 AI_{Alethea AI}는 '노아의 방주_{Noah's Ark}' 메타버스 플랫폼을 만들고 가상 인간 아바타 NFT인 iNFT_{intelligent NFT}를 만들었다. 말그대로 나를 대신할 수 있는 가상 인간 NFT다. 그동안 봐왔던 크립토펑크나 BAYC NFT와는 달리 iNFT에는 AI가 적용됐다. 스스로 학습해 가상 인간처럼 지능을 가질 수 있고 대화도 할 수 있다.

iNFT는 외형_{body}, 정신_{soul}, 마음_{mind} 세 요소로 구성된다. 외형은 사람처럼 보여지는 이미지, 정신은 지능 수준을 부여할 수 있는 단위, 마음은 지능 수준이 높아짐에 따라 가질 수 있는 정서를 의미한다. 아직은 마음을 가진 iNFT까지 발전하지는 못했지만, 외형과 정신은 설정할 수 있다. 오픈시에서 100개의 '레버넌트_{Revenants}'와 1만 개의 '퍼스널리티 포즈_{Personality Pods}'를 판매하고 있다. 레버넌트는 사람의 이미지를 말하며 이를 통해 외형을 구성할 수 있다. 퍼스널리티 포즈는 다양한 지능, 사람의 특징 등을 말하며 이를 구매해 정신을 구성할 수 있다.

사용자가 기존에 가지고 있는 PFP NFT가 있다면 이 NFT를 활용해 iNFT로 만들 수도 있다. BAYC나 크립토펑크를 iNFT로 전환하면 이들과 대화를 할 수 있는 셈이다. 아직은 BAYC, 퍼지펭귄_{Pudgy Penguins}, 도지파운드Dogepound 등 열 종류의 NFT만 iNFT로 전환 가능하다.

iNFT는 훈련을 통해 지능을 계속 발전시킨다. 알레시아 AI는 사용자가 iNFT 훈련을 통해 보상받을 수 있는 'T2ETrainToEarn' 모델도 구현했다. 노아의 방주 AI 엔진은 사용자의 iNFT에 지능을 발전시킬 수 있는 서비스를 제공하고, iNFT는 사용자가 학습시키는 데이터를 노아의 방주 메타버스에 공유한다. 시간이 지날수록 노아의 방주 메타버스의 AI 엔진은 고도화될 것이다.

가상 인간 아바타가 나를 대신해 메타버스 공간을 확보한다는 상상을 하면 아직까지는 거부감이 들기도 한다. 한편으로는 가상공간에서 업무를 대신 처리해주면 편리할 것 같다는 생각도 든다. 앞으로 메타버스 속 가상 인간이 어느 수준의 지능으로 발전할지는 알 수 없다. 하지만 이미 아바타가 메타버스 공간 안에서 필수 요소가 된 것처럼 아바타 NFT에 관한 수요는 확장될 것으로 보인다.

이에 세계 최초 인공지능 NFT를 선보인 알레시아 AI의 iNFT는 긍정적인 평가를 받고 있다. 알레시아 AI는 2021년 6월 소더비 경매에서 iNFT인 '앨리스Alice'를 48만 달러(약 6억 원)에 판매했다. 같은 해 8월에는 미국 기업가이자 투자자인 마크 큐반MarkCuban과 블록체인 개발사 대퍼랩스Dapper Labs, 미국 벤처캐피탈 갤럭시 인터랙티브GalaxyInteractive 등으로부터 1,600만 달러(약 193억 원)의 투자 자금을 유치했다.[•]

〰〰〰〰〰

- 〈Alethea's intelligent NFTs get funding from Mark Cuban, Dapper, Galaxy〉 (Ledger Insights, 2021.08.26)

내가 보고 싶은 콘텐츠에 직접 투자한다, 스토너 캣츠

—

대형 미디어 플랫폼과 방송사는 시장에서 큰 영향력을 미치고 있다. 제작사, 크리에이터가 만든 콘텐츠를 대중에게 전달하려면 이들을 거쳐야 하기 때문이다. NFT 시장에서는 이러한 유통 구조를 개선하려는 움직임들이 있다. 콘텐츠 생산자가 NFT를 활용해서 팬으로부터 자금을 직접 유치하고 팬에게 콘텐츠를 즐길 권한을 주는 것이다. 블록체인 업계에서는 NFT를 통해 콘텐츠 제작사와 크리에이터가 제작 과정에서 거대 자본과 정치 권력으로부터 자유로워질 수 있을 것으로 기대했다.

그 시도 중 대표적인 사례가 성인 단편 애니메이션 시리즈 '스토너 캣츠Stoner Cats'다. 할리우드 유명 배우 밀라 쿠니스Mila Kunis가 설립한 제작사 오차드 팜 프로덕션Orchard Farm Production은 스토너 캣츠 NFT를 발행하고 NFT를 보유한 사람만 스토너 캣츠를 볼 수 있게 했다.

스토너 캣츠는 밀라 쿠니스가 제작을 맡고 이더리움 창시자인 비탈릭 부테린Vitalik Buterin과 할리우드 배우 애슈턴 커쳐Ashton Kutcher가 애니메이션 성우로 참여해 주목을 받았다. 1만 개가 넘는 NFT를 발행해 0.35이더(약 800달러)로 판매했으며 판매 시작 35분 만에 완판됐다.

스토너 캣츠는 고양이를 사랑하는 주인 스토너Ms.Stoner와 그가 키우는 고양이 5마리의 스토리다. 주인 스토너가 위험에 빠졌을 때 고양이들이 구해주는 내용을 담았다. 스토너 캣츠의 에피소드는 5~7분 분량이며 총 6개의 에피소드를 준비 중이다. 2022년 2월에 두 번째 에피소드까지 공개됐다. 향후 6편의 에피소드가 모두 제작되고 공개된 후에도 오차드 팜 프로덕션은 동일한 모델로 새로운 콘텐츠 시리즈를 제작할 예정이다. 스토너 캣츠 NFT 소유자들은 스토너 캣츠 이후에 오차드 팜 프로덕션에서 제작한 콘텐츠들을 계속 볼 수 있다.

오차드 팜 프로덕션은 스토너 캣츠 NFT를 처음엔 1만 420개 발행했다. NFT는 스토너 캣츠 애니메이션에 등장하는 캐릭터 이미지를 담고 있으며 NFT 구매 시 무작위로 제공된다. 새로운 에피소드에 새로운 캐릭터가 등장하면 새로운 캐릭터를 담은 NFT가 1,000개 발행된다. 오차드 팜 프로덕션은 앞으로 새로운 캐릭터 3개를 구상하고 있으니 총 3,000개의 NFT가 새로 발행되는 셈이다. 스토너 캣츠의 에피소드가 공개될 때마다 새롭게 유입되는 팬이 있으리라는 제작사의 소망과 의지가 반영된 것이다. 또한 너무 많은 NFT를 발행하면 기존에 발행했던 NFT의 가치가 떨어질 수 있으니 새로운 캐릭터마다 발행량을 1,000개로 한정했다.

오차드 팜 프로덕션은 블록체인을 통해 팬이 직접 콘텐츠 제작 과정에 참여할 것이라고 설명한다. 스토너 캣츠의 로드맵에는 향후 토큰을 보유한 사람들이 에피소드 스토리에 참여할 수 있는 길이 열려 있다. 궁극적으로 오차드 팜 프로덕션은 향후 3년간 매년 최소 하나의 애니메이션 프로젝트를 제작하기 위해 토큰 홀더와 DAO를 구성하는 계획을 세우고 있다.

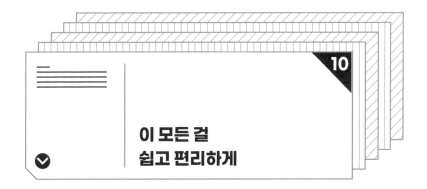

10

이 모든 걸
쉽고 편리하게

NFT를 보관하는 지갑,
메타마스크

현금과 카드는 지갑에 보관하고 금이나 보석, 중요한 증명서는 금고에 보관하듯이, NFT를 구매했다면 한곳에 모아 보관할 곳이 필요하다. 높은 가치의 NFT를 안전하게 보관하기 위한 목적도 있지만 NFT가 여러 곳에 저장되어 있으면 관리하기 어렵기 때문이다. 크립토 시장에는 NFT만을 위한 지갑보다는 암호화폐와 NFT 등 가상자산을 보관하는 크립토(암호화폐) 지갑이 여럿 등장했다.

크립토 지갑에는 핫월렛Hot wallets과 콜드월렛Cold wallets 2가지 유형이 있다. 인터넷을 연결해 사용할 수 있는 지갑을 핫월렛이라고 한다. 핫월렛은 다른 암호화폐나 블록체인 관련 서비스와 연동해 사용하기 편리하다. 가령 내 지갑에 있는 NFT를 오픈시에 판매하고 싶을 때, 오픈시에 내 크립토 지갑을 연동하면 된다.

콜드월렛은 USB처럼 하드웨어 형태로 된 크립토 지갑이다. USB 안에 내 암호화폐와 NFT를 저장해 보관한다고 생각하면 된다. 콜드월렛 안에 들어 있는 자산을 확인하고 싶다면 매번 콜드월렛을 컴퓨터에 연결해야 하기 때문에 불편하다. 하지만 콜드월렛을 잃어버리지 않고 비밀번호만 잘 기억한다면 핫월렛보다 안전하게 가상자산을 관리할 수 있다. 다만 콜드월렛은 핫월렛처럼 다른 서비스와 연동할 수 없다.

이러한 지갑이 업비트나 빗썸 등 암호화폐 거래소에서 사용하는 지갑과 어떻게 다른지 궁금할 것이다. 거래소 지갑은 거래소가 개인 지갑을 대신 관리한다고 보면 된다. 암호화폐 지갑를 만들 땐 공개키Public key와 개인키Private key가 생성되는데, 공개키는 암호화폐 지갑 주소, 개인키는 비밀번호에 해당한다.

은행 계좌와 비교해보면 공개키는 계좌번호, 개인키는 계좌 비밀번호다. 거래소에서 지갑을 만들면 거래소가 이 개인키를 보관하고 있는 셈이다. 거래소 지갑은 디파이나 다른 블록체인 서비스에 연동해서 쓸 수 없다. 블록체인 서비스에 연동하려면 거래소 지갑에 있는 암호화폐를 핫월렛 형태의 지갑으로 옮기고, 핫월렛을 블록체인 서비스에 연동해야 하는 방식이다.

암호화폐 투자자나 사용자는 편의성과 확장성 때문에 콜드월렛보다는 핫월렛 형태의 크립토 지갑을 많이 사용한다. 다만 오프라인에서는 원화, 달러, 유로 등 화폐나 카드의 종류와 관계없이 하나의 지갑에 넣어 모두 보관할 수 있지만 가상자산 지갑은 호환이 가능한 블록체인 네트워크와 코인, NFT만 보관할 수 있다. 이에 굉장히 다양한 크립토 지갑이 있다. 그 중에서도 가장 널리 사용되는 지갑이 '메타마스크MetaMask'다.

메타마스크는 이더리움 기반으로 2016년 컨센시스ConsenSys가 개발했다. 사용자가 이더리움을 쉽게 사용하도록 돕는 지갑이다.

처음 메타마스크를 사용할 때는 지갑 주소가 복잡해 보이지만 몇 번 사용하다 보면 금방 익힐 수 있다. 이더리움 작동 방식을 몰라도 크롬에 설치만 하면 바로 사용 가능하다.

이더리움 기반 지갑이라는 의미는 이더리움 블록체인을 활용하는 서비스와 이더리움 기반의 토큰(ERC-20), NFT 등을 보관할 수 있다는 의미다. 솔라나나 카르다노, 클레이튼 등 다른 블록체인은 이를 기반으로 한 지갑이 있다.

다양한 블록체인이 등장하면서 메타마스크뿐 아니라 다른 크립토 지갑도 여러 블록체인과의 호환을 지원하고 있지만 여전히 메타마스크가 가장 대중적이다. 2021년 11월 기준으로 메타마스크의 월간 활성 사용자는 2,100만 명을 넘었다.•

메타마스크는 크롬, 파이어폭스 등 웹브라우저의 확장 프로그램 기능을 통해 PC에서 쓸 수 있고, 스마트폰 앱으로도 사용할 수 있다. 메타마스크뿐 아니라 대부분의 크립토 지갑은 지갑을 만들 때 공개키와 개인키가 생성된다. 하지만 메타마스크에 들어갈 때마다 개인키를 사용하면, 해커나 다른

• 〈MetaMask Surpasses 21 Million MAUs as ConsenSys Raises $200 Million to Make Web3 Universally Easy to Use, Access, and Build On〉 (ConsenSys 블로그, 2021.11.17)

사람에게 개인키가 노출되는 위험이 있다. 이 때문에 메타마스크는 평소에 사용자가 로그인할 때 사용하는 별도 비밀번호를 만들어 사용하도록 한다. 개인키는 다른 크립토 지갑에서 내 메타마스크 지갑을 연동하거나 불러올 때 사용한다. 개인키의 사용 빈도를 줄여 노출될 가능성을 줄이는 것이다.

여러 블록체인 서비스를 이용하다 보면 메타마스크 등 크립토 지갑을 연동하라는 문구를 많이 봤을 것이다. 블록체인 서비스 중 사용자의 NFT나 암호화폐 등 가상자산을 활용하거나 이들을 보유하고 있다는 확인이 필요할 때 크립토 지갑을 연동해야 한다. 오픈시 등 마켓플레이스에 NFT를 판매하거나 크립토펑크 NFT 보유 여부를 증명해야 하거나 메타버스 전시관에 내 NFT아트를 전시하고자 할 때 크립토 지갑을 연동해야 한다. 크립토 지갑의 역할은 가상자산 보관 이상인 셈이다.

메타마스크는 어떻게 돈을 벌까? 메타마스크는 2020년 10월 코인 스왑 서비스 기능을 추가했다. 거래소를 이용하지 않고도 이더리움 기반의 토큰을 메타마스크에서 다른 코인으로 바로 교환해주는 서비스다. 스왑이 일어날 때마다 메타마스크는 거래 금액의 0.875퍼센트를 수수료로 가져간다. 듄 애널리틱스Dune Analytics에 따르면 메타마스크는 토큰 스왑을 통해 하루에 8만 5,000(약 1억 원)~22만 달러(약 2억 6,000만 원)를 벌어들인다.

메타마스크는 복잡한 기능이 있는 것은 아니지만 크립토 지갑을 빠르게 만들어 시장을 선점해서 이더리움 기반 블록체인, 암호화폐 관련 서비스의 중심이 되었다. 이 덕분에 출시한 지 4년이 지나서야 수익 모델인 코인 스왑 서비스를 시작했지만 빠르게 수익화할 수 있었다.

도메인 이름을 선점하는 이유, 언스토퍼블 도메인

크립토 지갑 주소는 '0x'로 시작해 숫자와 알파벳으로 조합된 42개의 16진수로 매우 복잡하다(28쪽 참조). NFT나 암호화폐를 다른 사람에게 전송할 때도 우리가 읽을 수 없는 복잡한 16진수의 주소로 보내야 하기 때문에 주소가 틀렸을까 봐 조바심을 느끼게 된다.

NFT 거래가 더욱 활발하게 일어나려면 16진수 주소가 아닌 사람이 읽을 수 있는 주소가 필요하다는 걸 많은 사람이 느꼈다. 인터넷 URL이 'www.naver.com' 등 특정 이름을 가진 도메인인 것처럼 크립토 지갑 주소도 이름이 있으면 편리하다. NFT가 본격적으로 등장하기 전에도 니즈는 있었지만 크립토 지갑의 도메인화는 본격화되지 못했다. 도메인 주소는 세상에 하나만 존재해야 하기 때문이다. NFT로 인해 크립토 지갑의 도메인화도 비로소 활성화되기 시작했다. 관련 서비스로 '언스토퍼블 도메인Unstoppable Domains', 'ENSEthreum Name Service' 등이 등장했다.

이들 서비스는 도메인 이름을 NFT로 발행해준다. 이 세상에 하나밖에 없는 크립토 지갑 주소로 만들기 위해서다. 인터넷 도메인과 유사하다. 암호화폐 전문 미디어인 《코인데스크Coindesk》는 NFT가 닷컴 시대의 도메인 열풍을 되살렸다고 평가했다. 닷컴 시대 때는 사람들이 쉽게 알아볼 수 있거나 많이 사용하는 단어로 된 도메인을 선점하는 것이 유행이었고, 이를 선점했던 사람은 기업에 많은 돈을 받고 팔기도 했다.

NFT 시장에서도 도메인 NFT가 마켓플레이스에서 거래되고 있다. 오픈시에는 '도메인 네임' 카테고리가 이미 있으며 2022년 2월 6일 기준으로 최근 가장 높은 가격으로 판매된 도메인은 2021년 10월에 판매된 'paradigm.eth'로 420이더(약 150만 달러)에 팔렸다.

또 맥주 브랜드 '버드와이저Budweiser'는 2021년 8월 30이더(약 9만 5,000달러)에 'beer.eth' 도메인 이름을 구매했다. 버드와이저가 맥주를 대표한다는 상징성을 산 것이다.

이처럼 도메인 NFT는 브랜드나 기업 또는 개인의 정체성을 나타내는 역할을 한다. 현재의 인터넷 도메인 이름이 그 역할을 하듯이 말이다. 이더리움 창시자인 비탈릭 부테린은 트위터에서 그의 이름을 'vitalik. eth'로 변경했으며 앤드리슨 호로위츠의 공동창업자인 벤 호로위츠는 'benahorowitz.eth'를 등록했다.

언스토퍼블 도메인에는 2022년 1월 기준 현재 190만 개의 도메인 이름이 NFT로 등록됐으며 281개의 코인과 토큰을 지원한다. '.crypto', '.wallet', '.coin', '.nft' 등의 도메인을 판매하고 있다. 언스토퍼블의 특징은 이 도메인을 크립토 지갑뿐 아니라 웹사이트 URL로도 사용할 수 있다는 점이다. 사용자는 한 번 도메인 NFT를 등록해 사용자의 소유로 만든 후에는 매년 도메인 NFT를 갱신할 필요가 없다. 기존 인터넷 도메인은 사용 기간이 만료되지 않았는지 관리해야 하고 수수료를 지속적으로 내야 한다.

인터넷 도메인 시장에서 초창기에 많은 사람이 기업이나 브랜드명으로 도메인을 등록하고 높은 가격에 이를 판매했다. 언스토퍼블 도메인은 이러한 현상을 방지하기 위해 유명한 브랜드나 기업 이름의 도메인 NFT는 판매하지 않고 있다.

ENS는 '.eth' 도메인 NFT를 발행한다. '도메인 네임 서비스Domain Name Services'를 DNS라고 부르는 것처럼 ENS는 '이더리움 네임 서비스Ethereum

NameServices'의 약자다. 2022년 1월 기준 65만 개 이상의 도메인 이름이 등록됐고 28만 명이 이를 소유하고 있다.

ENS는 인터넷 DNS와 통합했다. DNS를 가진 사람 중 '.com', '.org', '.app' 등의 도메인을 가진 사람은 동일한 이름으로 ENS를 사용할 수 있다. 만약 'example.com'의 DNS를 보유했다면 'example.eth'가 아닌 'example.com'을 이더리움 도메인 이름으로 사용할 수 있는 것이다.

공동 자금을 관리하는,
주스박스

—

블록체인은 탈중앙화 철학을 내포하고 있어 관련 서비스 중 공동의 목표나 목적을 가진 사람들을 모아 함께 진행하는 프로젝트나 크리에이터 후원 모델이 많다. NFT도 예외는 아니다. 디파이에서 봤듯이 여러 사람이 자금을 모아 비싼 NFT 아트를 구매하거나 자신이 좋아하는 인디 뮤지션이나 아티스트가 발행하는 NFT를 구매하는 방식의 후원도 있다.

하지만 이렇게 공동 자금을 모으거나 후원을 받은 후원자의 자금을 관리하는 일은 쉽지 않다. 블록체인을 통해 스마트 계약으로 투명하게 공개할 수 있지만, 누군가는 이를 개발자가 아닌 일반 사람들도 보기 쉽도록 구현해줘야 한다. '주스박스JuiceBox'가 그런 역할을 한다. 주스박스는 후원과 프로젝트 달성을 위한 커뮤니티 기반 펀딩 플랫폼이다.

주스박스는 이더리움 블록체인을 활용해 퍼블릭 스마트 계약 기술을 적용했다. 주스박스의 쉬운 이해를 위해 '컨스티튜션 다오Constituion DAO'의 사례를 살펴보자. 블록체인에 관심 있는 사람이라면 2021년 11월 진행됐던 컨스티튜션 다오를 들어본 적이 있을 것이다. 미국 헌법 초판본이 소더비 경매에 나오자 헌법 초판본 낙찰을 위해 컨스티튜션 다오를 만들어 불특정 다수의 사람들로부터 이더 자금을 조달했다. 이때 이용한 플랫폼이 주스박스다.

컨스티튜션 다오는 주스박스에 프로젝트에 관한 자세한 내용을 올리고 이를 설명하는 사이트를 만들어 주스박스에 링크를 걸었다. 미국 헌법 초판본 경매에 참여하고 싶은 사람들은 주스박스에 원하는 만큼 이더를 넣으면 된다. 지급한 이더만큼 컨스티튜션 다오의 자체 토큰인 $PEOPLE을 받는다. 만약 낙찰에 성공하면 $PEOPLE 토큰을 소유한 만큼 미국 헌법 초판본에 관한 권리가 생기고 패찰하면 이더를 돌려받을 수 있다. 컨스티튜션 다오의 입찰은 결국 실패했고, 이더를 냈던 사람들은 보유하고 있는 $PEOPLE만큼 이더로 다시 돌려받거나 $PEOPLE 토큰 그대로 보유하고 있다.

이 과정에서 주스박스의 역할은 그리 커 보이지 않을 수도 있다. 주스박스의 역할은 여러 사람으로부터 받은 자금을 컨스티튜션 다오의 계좌로 직접 송금하는 것이 아니라 모두가 볼 수 있는 제3자의 계좌에 송금해 투명하게 관리한 것이었다.

주스박스는 이더리움 블록체인을 활용하기 때문에 누구나 자금이 어떻게 사용되고 있는지 확인할 수 있다. 초기에 설정한 계약 내용을 무단으로 바꾸면 누구나 이를 확인할 수 있고 이의를 제기하기 때문에 프로젝트를 처음 만든 사람이더라도 계약 내용을 마음대로 바꾸지 못한다. 참여자의 합의를 통해서만 변경할 수 있는 구조다.

주스박스가 이더리움 블록체인을 적용한 이유에 관해 "이더리움은 주스박스가 특정한 누구의 허가가 없어도(통제 없이), 신뢰가 없어도, 멈추지 않고 작동할 수 있도록 한다. 이는 누구나 그들이 참여하고 있는 프로젝트의 코드를 볼 수 있고 누구도 허가 없이 코드를 활용할 수 있고, 아무도 코드를 망가뜨리거나 다운시킬 수 없음을 의미한다"라고 설명했다. 주스박스의 공동 자금 관리 특징을 잘 설명해준 셈이다.

또한 주스박스는 참여자가 제공한 이더에 해당하는 프로젝트의 토큰을 배분해 해당 프로젝트에 관한 권한을 참여자가 보유할 수 있도록 한다. 컨스티튜션 다오에 이더를 보내면 그만큼 $PEOPLE 토큰을 받은 것처럼 말이다. 만약 프로젝트가 설정했던 목표를 달성해 수익이 났다면 보유하고 있는 토큰 비율대로 참여자들은 수익을 배분받는다. 또는 컨스티튜션 다오처럼 프로젝트에 성공하지 못했다면 남은 자금은 돌려받을 수 있는 권한이 있다.

만약 모금된 자금이 프로젝트를 수행하기 위해 필요한 자금보다 더 많이 모였다면, 주스박스의 오버플로우 풀overflow pool에 예치되어 함부로 사용되지 않도록 잠긴다. 프로젝트 토큰을 가진 참여자는 오버플로우 풀의 일부를 소각하도록 요청할 수 있다.

NFT든, 블록체인 프로젝트든, 공동의 목표나 이익을 위해 사람들을 모으고 관리하는 일은 쉽지 않다. 더군다나 자금을 여러 사람으로부터 조달할 때는 신뢰가 중요하다. 블록체인을 통해 이를 관리하더라도 블록체인은 사용자 인터페이스UI나 사용자 경험UX이 여전히 불편하다. 그래서 주스박스와 같은 공동 자금 관리 서비스가 하나둘씩 등장하고 있으며 앞으로도 더 편리한 서비스가 나올 것으로 보인다.

NFT의 약점을 보완하는 서비스,
클럽NFT

—

대부분의 NFT가 사용하는 표준인 ERC-721이나 ERC-1155는 이더리움 네트워크를 사용한다. 이더리움은 데이터 처리 속도가 아직 느리고, 데이터 용량이 큰 이미지나 영상을 이더리움에서 처리할 때 비용이 많이 든다. 이 때문에 NFT에 담긴 콘텐츠는 블록체인이 아닌 여러 컴퓨터나 서버에 분산 저장하고, 콘텐츠가 저장된 주소를 NFT에 담는 방식을 취하고 있다.

A라는 사이트에서 발행한 NFT 아트가 있다고 가정하면 A 사이트에서 발행된 NFT의 그림을 여러 컴퓨터에 분산해 저장하고 저장된 곳의 주소를 해시값(암호 값)으로 만든다. NFT 아트에는 NFT ID, 창작자 이름, 발행된 날짜, 현재 NFT 소유자의 크립토 지갑 주소, 거래 내역, 아트 콘텐츠가 저장된 곳의 주소 해시값 등이 들어 있다. NFT 아트를 보고 싶을 때마다 NFT 안에 있는 해시값으로 작품을 불러오는 것이다. 평소에는 이러한 방식이 문제없지만 만약 A 사이트가 문을 닫게 되거나 A 사이트가 데이터를 분산해 저장하는 비용을 지불하지 않으면 해시값은 작품이 저장된 주소를 찾지 못하고 사라질 수 있다.

이러한 우려를 방지하기 위해 '클럽NFT ClubNFT'는 NFT와 관련된 모든 파일을 NFT 소유자가 다운로드하고 파일을 직접 관리하도록 한다. 자신이 소유한 NFT를 다른 사이트나 마켓플레이스 등에 의존하지 않고 소유자가 직접 관리하는 것이다. NFT 소유자는 자신이 직접 소유한 NFT의 콘텐츠가 저장된 곳을 찾아 다운로드할 수 있지만 이는 복잡하고 시간이 오래 걸린다.

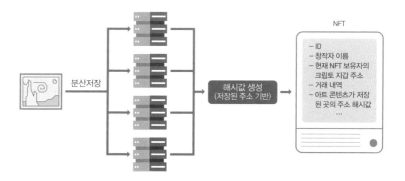

클럽NFT는 이후 NFT 콘텐츠 파일을 안전하게 보호할 수 있는 서비스를 시작으로 NFT 수집가들을 위해 검색, 분석, 평가, 큐레이션 등의 서비스로 발전해나갈 계획이다. NFT가 아무리 디지털 자산 소유권을 증명하고 안전하게 거래할 수 있는 기술이더라도 아직은 불편하고 취약한 점이 있다. NFT 수집가가 더 안전하고 쉽게 NFT를 수집할 수 있는 방법이 무엇인지 클럽NFT가 하나씩 해결해나가고자 하는 것이다.

또 내 NFT 콘텐츠가 잘 있는지 확인할 수 있는 서비스도 있다. 'Check My NFT' 사이트는 NFT 컨트랙트 주소와 토큰 ID를 입력하면 현재 NFT의 콘텐츠 자산이 잘 있는지 확인할 수 있는 서비스를 제공한다. 저장된 상태가 얼마나 안전한지도 평가해준다.

NFT 보유자는 가지고 있는 NFT가 낮게 평가받고 있다면 NFT 창작자나 발행된 플랫폼에 안전하게 보관할 수 있는 대책을 취해달라고 요청할 수 있다. 하지만 아직 이를 해결할 수 있는 근본적인 방안까지는 아직 제공하지 않는다.

NFT를 분석한다,
논펑저블닷컴

NFT를 적용할 수 있는 분야는 굉장히 다양하지만 현재는 투자 자산으로 가장 널리 사용되고 있다. 앞으로도 NFT는 디지털, 메타버스 경제가 활발하게 돌아갈 수 있는 중요한 요소가 될 것이다. 현실 세계에서 증권 회사가 주식이나 채권 등 투자 자산에 관한 데이터 분석과 가치 평가 등의 분석 리포트를 제공하듯이 NFT 데이터를 분석할 수 있는 사이트가 있다. 블록체인 데이터는 누구나 확인할 수 있기 때문에 거래 내역 데이터를 활용하기가 좋다. 이러한 데이터를 투자자나 사용자가 보기 쉽게 제공하는 곳이 '논펑저블닷컴Nonfungible.com'이다.

논펑저블닷컴은 2018년 2월 NFT 메타버스 플랫폼인 '디센트럴랜드'의 NFT 실시간 거래 추적으로 시작했다. 논펑져블닷컴 창업자들은 NFT의 다른 커뮤니티와 연결 고리를 만들고 NFT 프로젝트 개발자와 사용자가 NFT 거래 데이터에서 많은 인사이트를 얻도록 돕기 위해 이 사이트를 만들었다.

프로젝트 개발자는 NFT 거래 데이터를 통해 고객을 이해하고 실제로 NFT 수요가 있는지를 확인할 수 있다. 경쟁사의 상황도 살필 수 있다. 이러한 데이터는 마케팅, 서비스 기획 전략을 세우는 데 도움이 된다. 사용자는 최근 가장 높은 가격에 거래된 NFT가 어떤 종류인지, 어떤 NFT 마켓플레이스에서 가장 활발하게 거래가 일어나는지를 볼 수 있다.

논펑저블닷컴은 NFT 거래 데이터 추적으로 NFT 거래 유동성을 높이고 NFT 적용 사례를 더욱 늘리고자 한다. 또 거래 데이터를 바탕으로 NFT 자산 가치 모델도 설계할 수 있다. 이전까지는 NFT 시장을 투명하게 평가하거나 트렌드를 모니터링하는 도구가 없었으며 NFT 가치 평가 또한 추측에 의존할 수밖에 없었다.

논펑저블닷컴 '마켓트래커Marckettracker'에서는 NFT 유형별 거래 추이와 최근 일주일간 가장 거래량이 많았던 프로젝트를 리스트로 보여준다. 또 데이터 거래를 직관적으로 보여주는 서비스 외에도 다양한 트렌드 분석 글과 리포트를 제공한다. 자신들이 수집한 데이터와 분석을 바탕으로 기업 고객 대상 컨설팅, 마케팅 전략 서비스도 진행한다.

3부

마케터의 NFT

: 브랜드와 커뮤니케이션의 무기

NFT는 IT 기업이나 스타트업만 활용할 수 있는 기술이 아니다.
반드시 새로운 서비스를 시작할 때만 적용할 수 있는 수단도 아니다.
이미 활발하게 사업을 하는 기업들도 마케팅을 위해 NFT를
활용할 수 있다.
마케팅의 범위는 굉장히 다양하다.
마케팅은 브랜드 이미지 제고부터 시작해 상품 유통, 판매까지
제품을 생산해 소비자에게 전달되는 모든 과정을 의미한다.
이러한 기업의 활동 하나하나에 NFT가 들어갈 틈은 대단히 많다.
그동안 소셜미디어는 기업과 브랜드의 커뮤니케이션 수단이었다.
소셜미디어는 기업과 브랜드가 고객에게 하고 싶은 메시지를
전달하고 고객으로부터 피드백을 받는 데 활용됐다.
NFT는 소셜미디어에서 한 단계 더 나아간다.
NFT를 통해 고객에게 기업과 브랜드의 메시지를
전달하는 것은 물론, 대중이 기업과 브랜드를
좋아하게 만들고 활동에 참여하는 고객은
인센티브를 받을 수 있다.
팬 커뮤니티를 만들어 함께 브랜드 문화를
발전시켜나갈 수 있다.
어떻게 그러한 활동이 가능한지 3부에서는
산업별, 유형별로 NFT를 활용한 기업의 사례를 살펴본다.

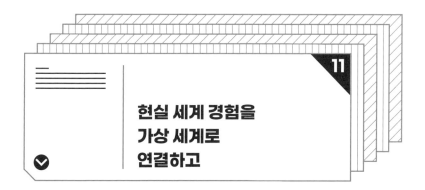

11

현실 세계 경험을
가상 세계로
연결하고

디지털 가방이 수백만 원?
디지털 아이템 세상

이탈리아 명품 브랜드 구찌는 2021년 메타버스 게임 플랫폼 '로블록스'에서 한정판 디지털 가방, 백팩 등을 출시했다. 이 중 디지털 핸드백 '구찌 디오니소스Gucci Dionysus'는 마켓플레이스에서 4,115달러에 거래됐다. 같은 디자인의 실물 구찌 가방(3,400달러)보다 비싼 가격에 팔린 것이다. 이 가방은 구찌가 로블록스에서 처음 판매했을 때 5.5달러에 불과했지만 이후 재판매 시장에서 가격이 748배나 올랐다. 손으로 만질 수도, 외출할 때 들 수도 없는 가방인데 말이다. 디지털 아이템의 가치가 왜 이렇게 높은 것일까. 현실 세계와 디지털 세계, 즉 가상 세계의 구분이 점차 희미해지고 있기 때문이다. 현실 세계에서 친구를 만나는 시간보다 디지털 세계에서 친구를 만나는 시간이 더 길 때도 있다. 코로나 이후 디지털 세계에서 보내는 시간은 더욱 길어졌다. 또 현실 세계의 친구보다 디지털 세계에서 만나는 친구가 더 다양하고 잘 맞을 때도 있다. 디지털에서는 물리적 거리를 뛰어넘어 누구든 만날 수 있기 때문이다. 현실 세계에서 옷차림만큼이나 디지털 세계에서 아바타의 옷차림도 중요해졌다. 이제 더 이상 온라인에 있다고 해서 상품의 가치가 떨어지지 않는다. 패션업계가 가상공간, 디지털 세계에 관심을 두게 된 이유다.

더군다나 디지털 세계의 가장 큰 골칫거리 중 하나였던 '디자인 복제'도 NFT로 해결되니 패션업계가 NFT를 활용한 디지털 패션 시장에 뛰어들지 않을 이유가 없다. 패션업계의 NFT 활용 사례를 살펴보기 전에, 패션이 NFT와 만나 어떤 효과를 볼 수 있는지 하나씩 짚어보자.

우선 가상 아이템, 디지털 아이템에 NFT를 적용하고 소비자가 그 상품을 구매하면, 회사는 소비자의 구매 내역을 확인할 수 있고 소비자는 소유권을 증명할 수 있다.

이 덕분에 소비자는 자기가 좋아하는 브랜드의 가상 의류 아이템이나 브랜드 NFT 수집품을 향한 구매 욕구가 높아진다. 비싼 돈을 들였다는 걸 드러낼 수 있기 때문이다. 현실 세계에서의 '플렉스'를 가상 세계에서도 할 수 있다. 나이키를 좋아하는 소비자라면 가상 세계에서도 자신의 나이키를 뽐내고 싶을 테니 말이다.

패션 브랜드 입장에서는 NFT 덕분에 상품 유통 과정에서 유통사를 거치지 않고 소비자와 직접 연결될 수 있는 길이 열렸다. 브랜드가 NFT 마켓플레이스에서 NFT를 판매하더라도 마켓플레이스는 거래의 장을 열었을 뿐이고 거래 자체는 브랜드와 소비자가 직접 한다. 브랜드는 자사의 NFT를 구매한 소비자의 크립토 계정을 알게 된다. 크립토 지갑 계정을 통해 NFT 상품 구매자가 보유한 다른 패션 아이템도 확인할 수 있다. 또 NFT 상품을 구매한 소비자는 브랜드의 실물 상품을 구매할 확률도 높다. NFT 상품을 구매했다는 사실은 NFT를 제작한 브랜드를 좋아한다는 의미로 해석할 수 있기 때문이다. 브랜드는 가상 아이템뿐 아니라 실물 상품의 잠재 고객을 보다 구체화할 수 있다.

또 패션 브랜드는 NFT를 통해 디자인 철학과 패션 철학을 다양하게 보여준다. 이전에는 패션쇼와 패션 아이템으로만 디자인 철학을 보여줬다. 이는 패션쇼에 초청받거나 참석한 사람들만 그리고 그 옷을 구매한 사람들에게만 자사의 디자인 철학을 전달할 수 있다는 한계가 있다. 하지만 패션 브랜드는 NFT를 통해 디자인과 패션 철학을 다양한 형태로 전달할 수 있다. 가상 아이템 패션뿐 아니라 디자인이 담긴 NFT 아트나 NFT 카드 등을 제작해 유통하거나 전시할 수 있기 때문이다.

NFT는 패션 브랜드의 새로운 수입원으로도 자리 잡을 수 있다. 패션 브랜드에서 만든 NFT를 판매할 때 1차 수입이 생긴다. 이후 사용자끼리 NFT를 재거래하면, 거래할 때마다 브랜드는 거래 금액의 일정 비율을 로열티로 받을 수 있다. 앞서 살펴본 구찌 가방의 사례처럼 구찌가 처음엔 1만 원 미만으로 가방을 팔았더라도 10퍼센트의 로열티를 설정했다면 이후 이 가방이 800달러에 거래될 때 80달러의 로열티를 구찌가 벌어들일 수 있는 셈이다. 또 NFT는 실물 상품과는 달리 재고 관리, 물류 유통망 관리가 필요 없어 제작 및 유통 비용이 실물 상품보다 훨씬 낮다.

이러한 다양한 이유로 패션업계는 다른 업계보다 NFT 활용에 비교적 적극적이다. 일반 소비자에게 NFT가 어렵게 다가오더라도, 패션 아이템 자체는 이해하기 쉽다. 소유자가 아바타에게 입힐 수 있고 NFT 아트처럼 눈으로 확인이 가능하기 때문에 다른 NFT보다도 거부감이 낮고 쉽게 다가갈 수 있다.

NFT 활용에 가장 적극적인, 아디다스

—

패션 브랜드 중에서 NFT를 가장 활발하게 활용하는 곳은 아디다스다. 아디다스와 나이키는 이전부터 유명 아티스트나 다른 브랜드와 컬래버레이션을 하는 경우가 많았다. NFT에서도 마찬가지다. 아디다스는 NFT를 활용한 메타버스 프로젝트인 '메타버스 속으로Into the Metaverse'를 위해 NFT 시장에서 가장 인기 있는 PFP NFT인 'BAYC', NFT 업계 유명 인플루언서인 '지머니GMoney', NFT 프로젝트 '펑크스코믹'과 손을 잡았다. 아디다스는 메타버스 속으로 프로젝트에 다양한 요소를 심었다. 우선 BAYC, 지머니, 펑크스코믹과 함께 NFT를 발행하고 이 NFT를 구매한 사람들에겐 아디다스의 실물 상품을 나눠준다. 그리고 이 NFT는 아디다스가 개발 중인 개방형 메타버스 공간에서 NFT 소유자가 다양한 커뮤니티 활동에 참여할 수 있는 권한도 포함한다.

아디다스의 형광색 트레이닝복 '파이어버드 트랙 수트Firebird Track Suit'를 입은 '인디고 허츠Indigo Herz', 아디다스의 티셔츠를 입은 펑크스코믹의 캐릭터 '커트니Courtney', 아디다스의 오렌지색 비니를 쓴 지머니, 이렇게 세 캐릭터가 담겨 있다. 아디다스는 이번 프로젝트를 위해 BAYC의 #8774를 2021년 9월 46이더(약 18만 4,000달러)에 구매하고 이름을 '인디고 허츠'라고 지었다. 인디고 허츠는 마음의 눈으로 세상을 바라보는 반항적 낙천주의자다. 커트니는 펑크스코믹이 크립토펑크의 #2146 캐릭터를 활용해 만든 캐릭터다. 커트니는 멋진 소비자이고 무기 훈련을 받았으며 보기만큼 사나운 성격이라고 소개된다. 지머니는 실존 인물로, 경제 전문 미디어《포춘Fortune》이 선정한 'NFT 시장에서 가장 영향력 있는 50인' 안에 뽑힌 인플루언서다. 아디다스는 지머니 캐릭터에 '미래에서 날아온 예측 불가능한 신인류'라는 스토리를 부여했다.

아디다스는 이들과 함께 만든 NFT를 총 3만 개 발행했다. 그중 2만 개는 '초기 접근early access' 물량으로 BAYC, MAYC, 픽셀볼트, 지머니 POAP, 아디다스 오리지널 POAP 등의 NFT를 보유한 사람만 구매할 수 있다. 평소에 아디다스나 BAYC, 지머니에 관심 있거나 관련 NFT를 이미 구매한 사람에게 구매 우선권을 준 것이다. 나머지 1만 개 중 9,620개는 일반 판매 물량으로 매진될 때까지 누구나 구매할 수 있다. 그리고 380개는 아디다스, BAYC, 지머니, 펑크스코믹의 보유량이다. 모든 NFT는 0.2이더(당시 약 765달러) 균일가로 판매됐다. 아디다스는 이번 NFT 판매로 약 2,300만 달러(약 277억 원)를 벌어들였다.•

이 NFT 구매자는 아디다스, 지머니, BAYC, 펑크스코믹이 함께 작업한 독점 실물 상품도 받는다. 독점 실물 상품은 인디고 허츠가 입은 아디다스

• 〈아디다스, '메타버스 NFT'로 270억 원 벌었다〉 (지디넷코리아, 2021.12.19)

의 형광 노란색 파이어버드 트랙 수트, 커트니가 입은 티셔츠, 지머니의 오렌지색 비니 등으로 구성된다. 구체적으로 언제 어떤 상품을 제공할지는 아직 정해지지 않았지만 2022년에 총 3단계로 실물 상품이 제공된다. 실물 상품을 하나씩 받을 때마다 1단계에서 2단계, 3단계 NFT로 교환되며 3단계 상품까지 모두 받으면 최종적으로 4단계 NFT를 받게 된다. 상품을 받을 수 있는 기간이 단계마다 정해져 있다. 이 기간이 지나면 해당 단계의 상품은 받을 수 없다. 아디다스는 고객이 NFT를 재판매로 구매할 때 받을 수 있는 아디다스 상품을 쉽게 확인할 수 있도록 이러한 시스템을 만들었다. 아디다스 NFT를 구매했다고 해서 3단계 상품을 모두 받을 필요는 없다. 자신이 원하는 상품만 받고 NFT를 판매해도 되기 때문이다.

아디다스는 2022년 1월 이탈리아 명품 패션 브랜드 프라다Prada와 진행하는 NFT 프로젝트 '아디다스: 프라다, 리소스Re-Source'도 발표했다. 이 NFT 프로젝트는 디지털 아티스트 재크 리버만Zach Lieberman과 함께 진행하며 일반 사람들도 NFT 디자인에 참여했다. 누구에게나 참여할 기회를 제공하지만, 모두가 참여할 수 있는 것은 아니다. 프로젝트 웹사이트에 크립토 지갑을 연동한 사람 중 무작위로 선택된 3,000명이 리버만이 디자인한 필터를 적용한 사진을 제출하는 방식으로 진행됐다. 완성작은 NFT 마켓플레이스 '슈퍼레어'에서 30이더(약 8만 달러)에 낙찰됐다. 아디다스는 판매 수익을 아티스트와 크리에이터를 후원하는 단체에 기부했다.

아디다스는 2021년 11월 신규 서비스인 '컨펌드Confirmed' 앱을 통해 아디다스의 POAP NFT를 출시했다. 아디다스의 컨펌드 서비스는 아디다스의 독점 인터뷰 등의 콘텐츠와 한정판 컬래버레이션 제품을 제공한다. 아디다스 POAP NFT를 보유했다는 건 아디다스에 충성도가 높은 팬이라고 볼 수 있다. 아디다스는 이들에게 향후 자사가 개최하는 다양한 이벤트와 아디다스의 메타버스 공간에 접근할 수 있는 권한을 줄 예정이다.

메타버스 속으로 프로젝트를 보면 아디다스가 NFT 생태계를 얼마나 정교하게 설계했는지 확인할 수 있다. 브랜드가 직접 디자인한 NFT를 팬에게 나눠주는 경험을 넘어 NFT의 다양한 속성을 잘 활용했다. 메타버스 속으로는 여러 캐릭터에 서사를 부여해 향후 아디다스의 메타버스 공간에서 다양한 스토리로 파생될 수 있는 여지를 남겨뒀다.

또 아디다스는 NFT 혜택을 여러 단계로 나눠 2022년 한 해 동안 지속해서 아디다스의 NFT에 사람들이 관심을 두고 이야기할 수 있도록 했다. 아디다스는 더샌드박스에서 자신의 메타버스 공간을 본격 오픈하기 전까지 사람들의 입에서 아디다스의 NFT와 메타버스가 계속 언급되길 바라는 것이다. NFT와 메타버스 세계에서 아디다스가 잊히지 않기 위해서다. 이를 위해 NFT 프로젝트가 일회성 이벤트로 끝나는 것이 아니라 지속해서 팬들 사이의 커뮤니티에서 '이야깃거리'가 될 수 있도록 여러 장치를 곳곳에 배치했다.

프라다와 협업 프로젝트에서는 일반 팬이 디자인에 직접 참여해 NFT 제작을 경험했다. NFT는 막연하게 기업의 일방적인 마케팅 공간으로 여겨질 수 있지만, 아디다스는 NFT가 소통하고 상호 작용하는 공간으로 팬들에게 인식되도록 설계했다. 아디다스는 팬들과 함께 새로운 문화를 즐기는 '힙한' 분위기를 NFT를 통해 만들어가고 있다.

NFT 세상을 준비하는,
나이키

―

나이키는 2022년 초까지 아디다스나 다른 브랜드처럼 NFT를 직접 발행해 판매하는 움직임을 보이지 않았다. 하지만 전문가들은 나이키가 NFT를 향후 적극적으로 활용할 것으로 예상한다. 나이키가 NFT 진출을 위한 물밑 작업을 조금씩 진행하고 있기 때문이다.

가장 대표적으로 나이키는 2021년 12월 가상 운동화 NFT를 개발하는 스타트업 알티팩트RTFKT 스튜디오를 인수했다. 나이키는 알티팩트를 '방대한 크리에이터 커뮤니티에 서비스를 제공하기 위해 물리적 가치와 디지털 가치의 경계선을 재정의하는 선도적이고 혁신적인 브랜드'라고 소개했다.

알티팩트는 실물 제품을 제작하지 않는 대신 가상 운동화를 포함한 가상 패션, 컬렉터블 NFT 등을 만들어 판매한다. 알티팩트에서 만든 가상 제품은 AR 기술을 활용해 실제 인물이 가상 운동화를 직접 신은 것처럼 이미지와 영상을 만들 수 있다. 향후 펼쳐질 메타버스 공간에서도 착용할 수 있을 것이다.

알티팩트는 2021년 2월 10대 디지털 아티스트 퓨오셔스FEWOCiOUS와 함께 가상 운동화 NFT와 실제 운동화가 쌍으로 이뤄진 600켤레를 판매해 7분 만에 310만 달러(약 37억 원)를 벌어들였다. 일본 아티스트인 타카시 무라카미Takashi Murakami와는 '클론 XCloneX' NFT를 발행했다. 클론 X는 메타버스 공간에서 다양한 컬렉터블 속성이 있는 디지털 아바타로 활용할 수 있다

나이키는 알티팩트 인수 외에도 2019년 조용히 블록체인 기반의 특허

인 '크립토킥스Cryptokicks'를 출원했다. 이 특허는 나이키 제품을 산 구매자에게 NFT를 발급하는 기술이다. 구매자가 산 제품의 진품 여부와 제품의 현재 소유자가 누구인지를 증명할 수 있다. 크립토킥스는 실물 제품과 동일한 모양의 가상 신발도 제공한다. 나이키가 본격적으로 NFT를 발행한 것은 아니지만 다양한 준비를 하는 것은 사실이다. 애플이 새로운 기술이 등장할 때마다 퍼스트 무버First Mover로 빠르게 시장에 진출하기보다는 퀄리티 높은 신제품으로 시장을 한순간에 장악하는 전략을 쓰는 것처럼 나이키도 NFT 시장에서 유사한 전략을 준비하는 것으로 보인다.

전 세계에서 가장 핫한 NFT 운동화 브랜드로 인식되고 있는 알티팩트 인수를 통해 나이키는 NFT 패션을 아직 선보이지 않았음에도 대표 NFT 운동화 이미지를 구축했다. 이번 인수로 운동화와 NFT에 관심이 많은 알티팩트 팬과 커뮤니티를 나이키가 흡수한 셈이다. 이러한 방법으로 나이키는 현재 한정판 운동화로 중고 거래나 되팔기 시장을 가장 잘 활용하는 이미지를 NFT와 메타버스 시장에서도 그대로 이어갈 것으로 보인다. NFT의 희소성과 한정판 운동화의 희소성 특징이 잘 맞아떨어지기 때문이다.

또 운동화를 좋아하는 사람과 NFT에 관심 있는 사람들은 10~20대이므로 자연적으로 겹칠 수밖에 없다.* 현실 세계에서 나이키만의 운동화 문화와 경험을 NFT와 메타버스 공간에서도 그대로 이어갈 수 있도록 나이키는 여러 기반을 다지고 있다.

〜〜〜

• 〈Nike and Adidas Are Dipping Toes Into the NFT Market, The Sneakerheads Are Into It.〉 (WSJ, 2022.01.14)

NFT 구매에 게임성을 더한,
갭

—

미국 캐주얼 패션 브랜드 갭은 실제 상품을 받을 수 있는 NFT를 2022년 1월 출시했다. 갭은 '프랭크 에이프Frank Ape'의 아티스트인 브랜던 신스Brandon Sines와 함께 작업해 갭의 '에픽Epic' 등급 NFT 소유자가 한정판 갭 후드티를 받을 수 있도록 설계했다.

갭은 NFT 구매에 게임 요소를 가미했다. 갭의 NFT는 커먼Common, 레어Rare, 에픽Epic, 원오브어카인드One of a Kind로 구성됐다. 커먼, 레어 등급 NFT는 갭의 후드티 디지털 아트 작품이, 에픽 등급 NFT에는 브랜던 신스의 한정판 디지털 아트가 들어 있다. 에픽 등급 NFT를 보유하면 브랜던 신스와 협업한 실물 후드티를 받을 수 있다.

하지만 에픽 등급 NFT는 아무나 살 수 없다. 커먼 등급 NFT 4개와 레어 등급 NFT 2개를 구매해 조합하면 '스페셜 NFT'를 만들 수 있는데, 이 스페셜 NFT가 있어야만 에픽 등급 NFT를 구매할 수 있다. 결국 후드티를 받으려면 총 7개의 NFT를 구매해야 한다. 커먼 NFT는 2XTZ(테조스, 약 8.3달러), 레어 NFT는 6XTZ(약 24달러), 에픽 NFT는 100XTZ(약 415달러)에 판매되며, 원오브어카인드 NFT는 경매로 판매됐다.

갭은 이번 프로젝트에 '갭 스레드Gap Threads'라는 명칭을 붙이고 이번 NFT 발행 이후에도 팬에게 재미있고 상호 작용하는 디지털 수집 경험을 기술, 패션, 음악, 아트와 함께 전달할 계획이다. 갭의 팬은 갭의 역사에서 중요한 순간이나 아티스트와의 한정판 상품 등에 접근하고 특별한 경험에 참여할 수 있을 것이다.

NFT로 패션 철학을 전달하는, 명품 브랜드

명품 브랜드는 NFT를 실제 상품과 연결하기보다는 그들의 패션 철학 메시지를 전달하는 채널로 활용하고 있다. 아디다스나 나이키, 갭이 NFT를 실물 제품과 연계하거나 디지털 아이템 또는 팬에게 새로운 디지털 경험을 주는 문화로 NFT를 활용하는 반면, 명품 브랜드는 자사의 고급스러운 디자인 패턴과 분위기를 NFT에 심었다. 명품 브랜드의 패션쇼가 자사의 디자인 철학과 문화를 담아 예술적인 모습을 표현하는 것처럼 NFT에도 브랜드의 예술적인 분위기를 담았다.

또 명품 브랜드는 Z세대에게 친숙하게 다가가기 위한 수단으로 NFT를 활용하기도 한다. 워낙 고가 제품이 많기 때문에 10~20대에게 진입 장벽이 높은 명품 브랜드는 자칫 잘못하면 올드한 이미지로 굳혀질 수 있다. 명품 브랜드는 Z세대와 소통하며 브랜드 가치를 유지하기 위해 친숙한 캐릭터와 협업하거나 게임 속으로 들어가고 있다.

사실 명품 브랜드와 게임의 만남은 이미 익숙하다. 루이비통이 '리그오브레전드' 챔피언십 트로피 케이스를 제작하거나 게임 속 아이템 스킨을 만들고, 구찌가 미국 프로게임단 100시브즈100Thieves와 협력하고, 발렌티노가 닌텐도 스위치 게임 '모여봐요 동물의 숲'에서 패션쇼를 여는 등 명품 브랜드는 Z세대와 거리를 좁히기 위해 계속 노력해왔다.

슈퍼플라스틱과 손잡은,
구찌

—

메타버스 플랫폼인 '로블록스'와 '제페토'를 적극적으로 활용해왔던 구찌는 NFT에도 어김없이 발을 들였다. 컬트 토이 브랜드 '슈퍼플라스틱SuperPlastic'과 손잡고 구찌의 첫 NFT 컬렉션인 '슈퍼구찌SuperGucci' 브랜드를 출시했다.

컬렉션의 주제는 클래식한 구찌 패턴과 디자인을 슈퍼플라스틱의 캐릭터인 '잔키&구기몬Janky&Guggimon'과 결합한 것으로, 구찌의 알렉산드로 미켈레AlessandroMichele가 디자인에 참여했다.

NFT 판매는 총 세 차례에 걸쳐 진행됐다. 컬렉션 판매에 참여한 구매자들에겐 NFT 외에도 구찌 측에서 직접 만든 8인치(20.3센티미터 정도) 크기의 세라믹 조각품이 제공된다.

구찌는 2021년 6월에도 4분 분량의 영상 '구찌 아리아GucciAria'를 NFT로 발행해 크리스티 경매에서 2만 5,000달러(약 3,000만 원)에 낙찰받았다. 구찌 아리아 NFT는 알렉산드로 미켈레와 플로리아 시지스몬디FloriaSigismondi가 공동으로 감독한 영화가 담겨 있다.

크리스티는 이 작품에 관해 이렇게 말했다.

"꿈같은 풍경과 활기찬 에너지를 담았으며, 아리아의 가장 중요한 메시지인
겨울의 그림자가 지나간 후 피어나고 번성하고 싶은 열망을 말하고 있다."

게임 속으로 들어간,
버버리

버버리는 2021년 8월 블록체인 게임 '블랭코스 블록 파티Blankos Block Party'에 버버리의 디자인이 담긴 캐릭터와 아이템을 NFT로 출시했다. 버버리의 시그니처 코드인 '버버리 애니멀 킹덤'에서 영감을 받아 탄생한 한정판 상어 캐릭터 '샤키BSharky B' NFT와 버버리의 B 시리즈 모노그램 패턴이 새겨진 제트팩, 풀슈즈, 암밴드 아이템 NFT다.

샤키B와 버버리 아이템은 게임 속 다른 캐릭터, 아이템과 동일하게 작동한다. 샤키B는 다른 캐릭터처럼 훈련해서 능력을 키울 수 있으며 버버리 아이템은 샤키B에 착용해도 되고 블랭코스 블록 파티의 다른 캐릭터(블랭코)가 착용하는 것도 가능하다.

샤키B는 299달러짜리 750개, 제트팩은 100달러짜리 1,500개로 한정 판매되며 풀슈즈와 암밴드는 2주에 걸쳐 기간 한정으로 판매됐다. 샤키B와 제트팩은 판매한 지 30초 만에 완판되면서 버버리의 NFT 인기를 실감할 수 있었다. 게임 속 귀여운 캐릭터와 버버리의 디자인이 잘 어울렸던 것이 인기 요인이었다.

버버리는 이번 협업에 관해 "게임은 버버리의 가치를 담고 창조성을 기릴 수 있는 디지털 혁신 방법을 찾기 위해 다양한 시도를 하고 배우기에 적합한 공간"이라고 평가했다.•

~~~~~~

• ⟨BURBERRY DROPS NFT COLLECTION IN MYTHICAL GAMES' BLANKOS BLOCK PARTY⟩ (Burberry 웹사이트, 2021.08.04)

NFT 패션쇼를 방불케 하는,
돌체앤가바나

—

돌체앤가바나는 오프라인 패션쇼에서 선보였던 디자인을 NFT에도 옮겨왔다. 돌체앤가바나는 2021년 9월에 NFT 컬렉션 '콜레치오네 제네시Collezione Genesi' 경매를 디지털 럭셔리 컬쳐 마켓플레이스인 UNXD에서 진행했다.

NFT 컬렉션에서 선보인 작품은 돌체앤가바나 패션쇼인 알타 모다Alta Moda, 알타 사토리아Alta Sartoria, 알타 조엘레리아Alta Gioielleria에서 선보였던 것이다. 이탈리아 베네치아의 풍부한 예술 역사와 전통에서 영감을 끌어낸 작품으로, 디자이너 도메니코 돌체Domenico Dolce와 스테파노 가바나Stefano Gabbana가 모두 직접 디자인했다.

첫 번째로 선보인 알타 모다 컬렉션 NFT는 도메니코 돌체와 스테파노 가바나의 생생한 꿈과 베네치아의 유리 공예에서 영감을 받아 디자인된 두 종류의 여성 드레스다. 알타 사토리아는 남성을 위한 패션 작품으로 베네치아의 유리 공장에서 영감을 받은 세 종류의 디지털 전용 재킷과 한 종류의 수트Suit로 이뤄졌다. 알타 조엘레리아는 총 세 종류의 왕관으로 구성됐다. NFT는 모두 특별한 혜택을 담았다. 4K 영상과 이미지로 패션 작품을 볼 수 있는 것은 물론이며, 메타버스에서 착용할 수 있도록 돌체앤가바나에서 맞춤 제작을 해준다. NFT 종류에 따라 1년 또는 2년간 돌체앤가바나의 알타 모다, 알타 사토리아, 알타 조엘레리아 패션쇼에 참석할 수 있는 자격도 주어진다. 또 밀라노에 있는 돌체앤가바나 아틀리에 프라이빗 투어 자격이 주어지는 NFT도 있다. 일부 작품은 실제 제품도 전달받을 수 있다.

돌체앤가바나의 NFT 컬렉션 총 9개는 통 1,885이더(약 560만 달러)에 판매됐다. 낙찰 가격을 살펴보면, 실제 제품을 함께 받을 수 있는 NFT 가격이 다른 제품보다 약 2배 높다. 여러 보석과 다이아몬드 등이 들어간 왕관 종류가 가장 높은 가격에 낙찰됐다.

이번 돌체앤가바나 NFT는 옷을 담은 NFT지만 디지털 패션 아이템보다는 NFT 패션 작품으로 볼 수 있다. 옷감의 질감과 광택 등을 모두 선명하게 느낄 수 있도록 높은 퀄리티로 정교하게 제작됐다. 현실 세계에서는 값비싼 옷은 닳을까 봐 자주 입을 엄두가 나지 않지만, NFT 옷은 자주 입어도 닳을 염려는 없으니 보유하기만 한다면 자주 입어도 좋다.

12

굿즈를 제작하고

디지털 굿즈를
모으자

'배달의민족' 앱을 써보지는 않았어도 배달의민족 굿즈는 누구나 봤을 것이다. 배민글씨체를 활용한 다양한 문구류부터 시작해 생활용품까지 다양한 굿즈가 있다. '난 너의 든든한 빽' 문구가 새겨진 에코백, '여행하기 좋은 여건'이 새겨진 여권 케이스, '내 짝은'과 '어디에'가 한 짝에 하나씩 새겨진 양말 등 기발하고 재치 있는 굿즈다. 이 굿즈들만 봐도 배달의민족이 내거는 브랜드 이미지가 그려진다.

배달의민족 굿즈는 브랜드의 팬에게 수집품이자 기념품이 되기도 한다. 충성도 높은 고객은 이를 모으는 재미도 느낀다. 구하기 어려운 굿즈는 향후 높은 가격에 종종 거래된다.

종류를 불문하고 인기 있는 브랜드의 굿즈에는 기업의 문화와 이미지, 스토리가 담겨 있다. 단순히 디자인이 예뻐서 산 고객이라도 굿즈를 통해 해당 브랜드 문화와 이미지에 익숙해지고, 브랜드는 철학과 비전을 직간접적으로 전달할 수 있다.

브랜드 마케팅 디지털 굿즈는 지금까지 찾아보기 어려웠다. 하지만 NFT가 등장하면서 디지털 수집품 시대가 열렸다. NFT 굿즈는 수집품을 넘어 다양한 역할을 할 수 있다.

NFT는 브랜드가 온라인 광고에 지친 소비자에게 메시지를 전달하는 새로운 수단이 됐다. 브랜드는 NFT를 활용해 소셜미디어를 비롯한 광고 플랫폼 의존도를 낮출 수 있을 것이다. 또 실물 굿즈에는 다양한 상상력을 담기에 한계가 있지만 NFT엔 물리적 한계가 없다. 무엇을 상상하든 브랜드의 철학과 메시지를 대중에게 보여줄 수 있다.

NFT 굿즈의 또 다른 장점은 지속성이다. 지금까지 굿즈는 소비자의 장식장에만 머물렀다. 하지만 NFT 굿즈는 소유자가 원한다면 메타버스에 전시되어 팬들 사이에서 끊임없이 화제가 될 수 있다.

F&B 회사가 먹을 수 없는
NFT를 만드는 이유

외식 브랜드는 NFT 굿즈 발행에 가장 적극적이다. 패션 브랜드는 아바타가 입을 수 있는 의류 NFT를 만들지만, 푸드 브랜드는 먹지도 못할 NFT를 왜 발행할까? NFT는 신메뉴와 기존 인기 메뉴를 위한 새로운 마케팅 캠페인의 수단으로 활용된다.

푸드 브랜드는 세월이 흐르면서 등장하는 새로운 세대의 입맛과 취향을 사로잡기 위해 새로운 문화를 빠르게 익혀야만 한다. 특히 패스트푸드 브랜드는 주요 고객층이 젊어서 새로운 세대를 이해하기 위해서라도 NFT에 빠르게 진입하고 있다.

맥도날드는 2021년 7월 고객 로열티 프로그램 마이 맥도날드 리워드MyMcDonald'sRewrads를 출시했다. BTS Meal 출시도 맥도날드 앱 설치를 유도해 충성 고객으로 이어지도록 하기 위함이었다.

버거킹도 미국에서 고객 로열티 프로그램 'Royal Perks'를 미국 전역으로 확대하고 리워드 포인트를 암호화폐로도 제공하기 시작했다. 이러한 일련의 시도는 충성 고객을 확보하려는 노력으로 볼 수 있다.

스타벅스는 오래전부터 스타벅스 앱과 굿즈로 충성 고객을 모으고 그들의 소비 패턴을 분석해 매장을 더 자주 찾도록 유도했다. 여러 푸드 브랜드는 NFT로 스타벅스가 했던 것처럼 고객의 데이터를 확보하고 이를 분석해 충성 고객으로 유도하고 있다.

푸드 회사는 NFT를 단순하게 설계한다. 고객의 반응을 민첩하게 확인하고, NFT의 진입 장벽을 낮추기 위해서다. 푸드 NFT 판매 가격이나 입찰 시작가를 브랜드의 기존 상품 가격과 유사하게 설정했던 걸 보면 알 수 있다.

대표적으로 피자헛Pizza Hut, 프링글스Pringles, 맥도날드McDonald's 등이 음식 이미지를 담은 NFT를 2021년 출시했다.

칼로리 없는 블록체인 피자,
피자헛

—

피자헛은 세계 최초로 블록체인 피자 '1바이트 페이버릿One Byte Favourites' NFT를 선보였다. 먹을 수도 없고 칼로리도 없는 디지털 피자 한 조각 이미지로 용량은 8비트8bit=1byte 다. '점심시간에 피자 한 조각1bite' 의미를 담아 2021년 3월 17일부터 8일 동안 매일 점심시간에 '1바이트 페이버릿' NFT를 '라리블'에서 판매했다. 인기 메뉴인 하와이안, 페퍼로니, 마르게리타 등으로 구성했다. 이 메뉴는 NFT 피자 판매 7일 후부터 현실 세계에서 진행한 '$10 페이버릿$10 Favourites' 프로모션과 동일하다.

가격은 실제 피자 한 조각 가격인 0.0001이더(약 22센트)부터 시작했다. 빨간색 배경의 페퍼로니는 같은 해 8월 17일에 7이더(약 2만 1,000달러)에 2차 거래됐다. 나머지 피자는 이후 추가 거래가 일어나지는 않았던 것으로 보인다(2022년 2월 27일 기준).

이번 피자헛 NFT 프로젝트를 함께한 오길비Ogilvy의 경영진인 멕 파커Meg Farquhar는 피자 NFT에 관해 "피자헛의 브랜드 원칙 중 하나는 사람들이 어디서든 맛있는 피자를 구할 수 있어야 한다는 것이다. 그래서 피자를 디지털 형태로 영원히 가지면 좋겠다는 단순한 아이디어에서 시작해 NFT 피자를 만들었다"라고 설명했다.

프링글스도 피자헛과 같이 2021년 3월에 '크립토 크리스프CryptoCrisp' 맛의 감자칩 NFT를 라리블을 통해 발행했다. 실제로 먹을 수 없는 NFT 작품이지만 '크립토 맛'을 표현해 재미를 더했다. 이 작품은 우크라이나 일러스트레이터인 바시아 콜로투샤Vasya Kolotusha의 작품으로 프링글스 원통 상자가 한 바퀴 도는 모습의 MP4 파일이다. 전 세계 50개 한정 수량으로 발행되었으며, 가격은 프링글스 일반 상품과 동일한 0.0013이더(약 2달러)였다.

맥도날드는 한정 메뉴인 '맥립' 출시 40주년을 기념하기 위해 맥립 이미지의 NFT 카드를 출시했다. 맥도날드는 이 NFT를 판매하지 않고 트위터 추첨으로 10명에게만 지급했다. 맥립은 열성 팬들이 맥립 판매 매장을 찾기 위해 위치 추적기와 앱을 사용해 찾아야 할 정도로 먹어보기 어려운 메뉴로 알려져 있다. 이러한 희소한 특징을 NFT에도 적용했다.

신메뉴 캠페인과 함께한, 버거킹

—

버거킹은 다른 푸드 브랜드보다 비교적 다양하게 NFT를 구성했다. 버거킹은 '킹 리얼 잇 밀스King Real It Meals' 메뉴 프로모션의 일환으로 NFT를 발행했다. 이 메뉴는 120가지 인공재료를 제거한 메뉴다. 이번 프로모션은 브랜드 NFT 발행 플랫폼인 '스위트Sweet.io'에서 진행했다. 버거킹의 버거를 먹어야 NFT를 획득할 기회가 주어진다.

킹 리얼 잇 밀스 메뉴 박스엔 NFT를 받을 수 있는 QR코드가 부착되어 있다. QR코드는 600만 개가 발행됐다. QR코드를 스캔하면 유명인을 NFT화한 체이스 허드슨Chase Hudson, 코넬 헤인즈 주니어Cornell Haynes Jr., 라리사 마차도Larissa Machado 중 하나를 받을 수 있다. 유명인 한 명당 아홉 종류의 NFT가 제작되어 총 스물일곱 종류의 NFT가 있다. 이 중 한 유명인 NFT 세 종류를 모아 한 세트를 완성하면 네 번째 NFT를 받게 된다. 네 번째

NFT엔 3D 버거킹 컬렉터블 이미지와 함께 1년 동안 와퍼 샌드위치를 먹을 수 있는 쿠폰, 세트를 완성한 셀러브리티의 친필 서명 굿즈, 셀러브리티와 통화할 수 있는 기회가 주어진다. 버거킹의 기획은 일회성 이벤트가 아니었다. NFT를 모으는 게임 요소를 넣어 사람들이 계속 즐길 수 있도록 했다. 그동안 사람들이 패스트푸드 메뉴를 먹을 때 받았던 장난감 수집품을 디지털 수집품으로 변경한 것이다. 고객들이 간단하게 얻을 수 있는 NFT를 더 선호할지, 버거킹처럼 여러 과정을 거쳐야 얻을 수 있는 NFT를 선호할지는 아직 알 수는 없다. 하지만 버거킹 방식이 일반 사람들이 NFT를 수집할 수 있는 기회가 더 많은 건 사실이다.

NFT 문화에 진심인, 버드와이저

—

미국 맥주 시장 1위 브랜드인 버드와이저는 NFT 발행에 그치지 않고 NFT 문화를 진심으로 즐기려는 모습을 보여준다. 2021년 8월 버드와이저는 본격적으로 NFT를 발행하기 전에 2개의 NFT를 샀다. 하나는 톰 삭스Tom Sachs가 만든 '라이프 오브 더 파티Life of the Party'라는 이름의 NFT다. 버드와이저 병맥주 그림이 그려져 있으며 당시 8이더(약 2만 5,000달러)에 구매했다. 또 앞에서 언급한 것처럼 버드와이저는 'beer.eth' ENS를 30이더(약 9만 5,000달러)에 구매했다. 버드와이저의 슬로건인 '맥주의 왕'에 어울리는 대표 맥주 브랜드를 크립토 시장에서도 각인시키겠다는 의지로 해석할 수 있다.

이후 버드와이저는 NFT 관련 프로젝트를 하나둘씩 발표했다. 2021년 11월에는 총 1,936개의 NFT 컬렉터블 시리즈 '버드버스 캔스 헤리티지 에디션Budverse Cans-Heritage Edition'을 런칭했다. 버드와이저가 처음 출시된 1936년을 기념해 만들었다. 모두 맥주캔 모양의 NFT로 그동안 버드와이저가 사진이나 광고, 제품 디자인으로 사용했던 이미지들을 활용했다. 이 NFT는 버드와이저의 맥주캔 이미지뿐 아니라 향후 버드와이저의 메타버스 공간인 '버드버스Budverse'에 진입하는 접근 권한과 혜택, 리워드도 제공할 예정이다. 버드버스 캔스 헤리티지 에디션 등급은 2단계로 구성되어 있다. 코어 NFTCore NFT는 1,900개 발행됐으며 버드와이저 행사와 버드버스의 접근 권한, 리워드 혜택이 있다. 골드 NFTGold NFT는 36개만 발행되었고 버드버스 접근권 이상의 특별한 경험을 제공할 예정이다. 코어 NFT는 499달러, 골드 NFT는 999달러에 판매됐다. 버드와이저 NFT는 출시된 지 몇 분 만에 완판됐으며 2022년 2월 1일 기준 가장 비싸게 거래된 NFT는 2021년 12월 1일에 판매된 것으로 11이더(약 5만 달러)에 거래됐다. 이 프로젝트는 버드와이저의 메타버스인 버드버스를 계획하고 있다는 사실을 간접적으로 알리는 계기가 됐다.

그다음 버드와이저의 NFT 프로젝트는 2022년 1월에 진행한 것으로 신인 뮤지션들과 함께하는 NFT 컬렉션 '버드와이저 로열티Budweiser Royalty'다. 버드와이저는 22명의 신인 뮤지션들과 파트너십을 체결해 뮤지션당 500개씩, 총 1만 1,000개의 NFT를 발행했다. 이 NFT는 NFT 소유자가 뮤지션을 직접적으로 후원한다는 의미도 담고 있다. 총 3단계 등급으로 나뉘었으며 코어 NFT는 뮤지션당 400개, 소유자들이 신인 뮤지션들을 일찌감치 알아보고 후원했다는 사실을 드러낼 수 있다. 레어 NFTRare NFT는 뮤지션당

99개로, 소유자는 해당 뮤지션의 비대면 파티에 참여할 수 있다. 울트라 레어 NFT_{Ultra Rare NFT}는 뮤지션당 1개로, 소유자는 뮤지션과 화상 통화를 할 수 있으며 특별한 혜택을 받을 수 있다.

NFT 가격은 499달러이며, 어떤 등급의 NFT를 받을지는 무작위로 결정된다. 버드버스 캔스 헤리티지 에디션 중 골드 NFT 소유자는 버드와이저 로열티 NFT를 무료로 받을 수 있었다.

버드와이저의 모회사인 앤호이저-부쉬_{Anheuser-Busch}의 다른 맥주 브랜드인 버드라이트_{Bud Light}도 NFT 시장에 진출했다. 버드라이트는 제로 탄수화물 맥주인 '버드라이트 넥스트_{Bud Light Next}'를 런칭하면서 NFT를 출시했다. 이 NFT는 '버드라이트 N3xT 컬렉션'이라는 이름으로 발행된 1만 2,722개의 NFT다. 하나당 399달러이며, NFT엔 향후 버드라이트에서 주최하는 이벤트 접근 권한이 담겨 있다.

또 버드라이트는 NFT 프로젝트 중 하나인 '논스_{Nouns} 재단'과도 긴밀히 협업 중이다. 논스 재단은 매일 하나의 새로운 NFT(사각형 안경을 중심으로 한 다양한 이미지로 발행) 논_{Noun}을 만들고, 탈중앙화된 자율 조직을 구성해 중요한 결정이 필요할 땐 구성원의 투표에 따라 진행한다. 이는 웹3.0 대표 프로젝트로 인식되고 있다.

논스 재단은 맥주 테마의 NFT Noun #179를 127이더(약 39만 4,000달러)에 구매해 버드라이트에 전송했다. 대신 버드라이트는 2022년 슈퍼볼 광고에 논 안경을 사용해야 하고, 버드라이트 트위터 계정 프로필을 논 안경으로 변경하고, 논 패키지로 만들어진 맥주캔을 생산할 것을 요구받았다. 이러한 조건은 크립토시장엔 버드라이트를, 일반 대중에겐 논을 알리며 서로 윈윈할 수 있는 전략이다. 버드라이트는 논스와 함께하면서 NFT의 트렌디한 문화 놀이에 빠지게 된 것이다.

버드와이저와 버드라이트 모회사인 앤호이저-부쉬의 이러한 행보는 그동안 버드와이저의 마케팅 전략과도 잘 맞아떨어진다. 버드와이저는 미국 맥주 시장에서 1위를 지켜오면서도 올드한 이미지를 탈피하기 위해 새로운 문화에 빠르게 적용해왔다. 1940년대 TV 광고도 맥주 브랜드 중에서 버드와이저가 가장 먼저 시도했다. 버드와이저는 NFT 시장에서도 그들의 브랜드 가치인 자유, 도전 정신, 열정을 이어가고 있다. 버드와이저와 버드라이트는 NFT 발행을 넘어 NFT 문화를 만들어나가고 있다.

다양한 캐릭터와 강한 팬층이 있다는 자신감, 디즈니

—

푸드 브랜드 외에도 NFT 발행을 시도하는 기업과 브랜드는 다양하다. 그 중에서도 다양한 캐릭터와 IP(지적재산권) 콘텐츠를 보유한 디즈니야말로 NFT 굿즈를 만들기에 최적인 회사다. 디즈니는 미키마우스나 미니마우스 등의 디즈니 캐릭터 외에도 마블, 픽사, 스타워즈 등의 IP를 보유하고 있다. 디즈니도 자사의 여러 캐릭터를 활용해 NFT 굿즈를 제작해서 판매하고 있다. 다른 브랜드나 기업이 NFT에 다양한 이야기를 담거나 혜택을 부여한 것과는 달리 디즈니는 수집 용도로 NFT를 제작했다. 이미 전 세계 디즈니 팬들이 많아 특별한 장치를 넣지 않아도 잘 팔릴 것이라는 자신감이 엿보인다.

디즈니는 NFT 마켓플레이스인 베베VeVe를 이용해 NFT를 판매하고, 판매된 NFT는 베베에서 거래할 수 있다. 우선 디즈니는 2021년 10월 디즈니의 스트리밍 서비스인 '디즈니 플러스Disney+' 홍보를 위해 디즈니 캐릭터와 스파이더맨, 픽사의 토이스토리, 스타워즈 캐릭터 등을 황금 동상 이미지가 담긴 NFT로 발행해 판매했다.

2022년 1월엔 디즈니 아티스트들이 직접 그린 미키와 미니마우스, 구피, 플루토, 데이지덕, 도날드덕 등의 이미지가 담긴 NFT를 판매했다. 지난 NFT가 황금 동상의 이미지였다면, 이번 NFT는 다채로운 색상으로 우리에게 익숙한 캐릭터의 모습을 그대로 살렸다. NFT엔 캐릭터에 어울리는 음악이 들어 있으며 카드를 펼치면 특별 서명을 볼 수 있다. 캐릭터에 따라 발행되는 NFT 개수가 달라 희소성이 다르다. 가격은 모두 동일하지만 NFT를 구매할 때는 구매자가 캐릭터를 직접 선택할 수 없고 무작위로 뽑아야 한다. 이것 외에도 마블 코믹스의 디지털 만화를 NFT로 발행해서 판매하고 있다.

2022년 초까지 디즈니의 NFT는 몹시 단순해서 디즈니가 어떤 준비를 하고 있는지는 아무도 정확히 예측하지 못한다. 다만 디즈니가 메타버스를 준비하고 있는 정황이 드러나고 있는 만큼, 향후 메타버스 안에서 활용할 수 있는 NFT도 준비하고 있을 것으로 조심스럽게 예상해볼 수 있다. 지금의 디즈니는 NFT 시장과 특성 그리고 시장 수요를 학습하고 있는 단계다.

디즈니는 2021년 12월 테마파크용 메타버스 기술 특허를 승인받은 것으로 알려졌다. 이 기술은 사용자가 VR이나 AR 기기를 착용하지 않고 메타버스를 체험할 수 있는 기술로 실제 벽이나 공간, 물체 등에 3D 시뮬레이션을 투영한다. 디즈니의 CEO인 밥 체이펙Bob Chapek은 다음과 같이 말했다.

"지금까지 우리의 노력은 디즈니 메타버스의 프롤로그에 불과하다. 우리는 디즈니 메타버스에서 경계 없는 스토리텔링을 통해 실제와 디지털 세계를 더 가깝게 연결할 수 있을 것이다."

우리가 연구하는 소재는 우주에서도 강하다, 람보르기니

—

메시지를 표현하는 NFT를 발행한 브랜드도 있다. 바로 이탈리아 슈퍼카 브랜드 '람보르기니Lamborghini'다. 람보르기니는 '스페이스 타임 메모리Space Time Memory' NFT에 우주를 담았다. 우주에서도 강한 자동차라는 이미지를 대중에게 심기 위해서다. 고급 이미지에 맞게 NFT 퀄리티를 작품 수준으로 높였으며 실제 상품 굿즈와도 연계했다. 우선 스페이스 타임 메모리 NFT에 담긴 작품은 스위스 아티스트 파비앙 외프너Fabian Oefner가 만든 우주 테마의 작품으로, 우주를 향해 발사되는 람보르기니 '아벤타도르Aventador LP780-4 Ultima'의 모습이다. 이 작품은 실제 1,500개 이상의 차량 부품을 조합한 6억 픽셀 사진으로 만들어졌다. 총 5개 한정판이다. 람보르기니는 이 NFT로 연결되는 QR코드가 담긴 '더 스페이스 키The Space Key'를 제작했다. 더 스페이스 키의 재료인 탄소섬유는 람보르기니가 자체 개발한 첨단 소재다. 람보르기니는 이 소재를 2020년 국제우주정거장ISS에 보내 자동차 업체로는 최초로 우주 공간에서 소재를 실험한 바 있다.

NFT로 연결되는 더 스페이스 키는 2022년 2월 1일부터 경매가 진행됐다. 경매 시간은 75시간 50분으로 아폴로 11호가 지구를 떠나 달 궤도에 진입하는 데 걸린 시간과 같았다. 최고 낙찰가는 20만 달러, 최저 낙찰가는

7만 달러를 기록했다.

람보르기니는 이번 NFT 프로젝트를 통해 극한 환경(우주)에서 검증한 소재로 자동차를 제작한다고 간접적으로 표현한 것이다.

NFT 특성을 잘 활용한 NFT 영화, 쿠엔틴 타란티노의 〈펄프 픽션〉

—

영화계에서 NFT 굿즈 발행이 이어지고 있다. 영화 홍보를 위해 배우의 사진이나 영화 속 장면을 NFT로 담아 발행하는 경우가 가장 많다. 다양한 영화 NFT 굿즈 중에서도 영화 〈펄프 픽션〉, 〈킬빌〉로 유명한 쿠엔틴 타란티노Quentin Tarantino 영화감독의 NFT가 NFT의 특성을 잘 활용했다.

쿠엔틴 타란티노는 그의 대표 영화인 〈펄프 픽션〉에 관련된 NFT를 7개 발행했다. NFT는 미공개 〈펄프 픽션〉 장면과 함께 지금껏 공개한 적 없었던 타란티노의 무삭제 대본과 타란티노가 직접 녹음한 코멘터리도 담겨 있다. 감독 코멘터리는 그동안 알려지지 않은 내용이다. 타란티노 영화의 팬이라면 욕심날 NFT다. 대부분의 NFT는 담고 있는 내용을 NFT 소유자가 아닌 사람도 볼 수 있었다. 하지만 펄프 픽션 NFT는 시크릿 NFTSecret NFT 기능이 있어 〈펄프 픽션〉 NFT 소유자만 NFT에 담긴 무삭제 대본과 감독 코멘터리를 확인할 수 있다.

타란티노 감독은 이번 NFT를 발행하는 의미에 관해 "최고의 아티스트와 제작자는 이야기의 전달 방식, 대중들과의 연결 방식을 완벽하게 제어

하길 원한다"라고 밝혔다.* 타란티노 감독은 자신의 이야기가 다른 미디어를 통해 걸러지는 소통이 아니라, NFT를 통해 직접 전달되는 소통 방식을 선택했다. 특히 시크릿 NFT를 활용해 자신의 NFT를 구매할 정도로 열성적인 팬과 더 친밀한 관계를 구축했다.

〈펄프 픽션〉의 판권을 가지고 있는 제작사 미라맥스는 타란티노가 NFT를 발행해서 저작권을 침해하고 계약을 위반했다며 소송을 제기했다. 이 사건이 어떻게 될지 더 지켜봐야 하겠지만, 〈펄프 픽션〉 NFT와 같은 영화 NFT는 계속 등장할 것으로 보인다. NFT 이전에도 영화 미공개 장면이나 대본집 등은 영화 팬들을 위해 많이 제작됐던 것처럼 말이다.

• 〈Quentin Tarantino to Drop Never-Before-Seen 'Pulp Fiction' Scenes as NFTs〉 (NFTNow, 2021.11.02)

13

소셜토큰으로
커뮤니티를 만들고

우리끼리 특별 커뮤니티를 만들고 싶을 때, 소셜토큰

특정 브랜드나 기업이 마케팅을 위해 NFT를 발행하는 것이 아니라 오직 소셜클럽을 위해 발행하는 NFT도 있다. 브랜드 NFT에 특정 이벤트나 커뮤니티 접근 권한을 포함하는 것과 유사한 원리다. NFT를 보유하고 있으면 해당 커뮤니티 소속 회원임을 증명할 수 있고 커뮤니티 회원에게만 제공되는 다양한 혜택과 권한을 누릴 수 있다. 또 커뮤니티 회원도 커뮤니티의 방향성에 관해 의견을 공유할 수 있고 친목을 다질 수도 있다.

아직은 NFT가 소셜토큰으로만 활용되는 사례가 많지는 않다. 또 커뮤니티를 위한 소셜토큰으로 NFT가 더 적합한지, 아니면 비트코인이나 이더와 같이 대체 가능한 토큰인 FT_{Fungible Token}가 더 적합한지는 의견이 분분하다.

소셜토큰으로 NFT를 이용할 경우, 소셜토큰에도 다양한 등급을 나눌 수 있고 토큰마다 특별한 스토리나 이미지를 담을 수 있기 때문에 토큰 소유자에게 수집하는 재미를 추가로 제공할 수 있다. 또 토큰 발행 주체가 토큰을 누가 소유하고 있는지 추적할 수 있다는 점도 장점이다.

소셜토큰으로 FT를 활용할 경우, 관리의 효율성과 편의성이 높다. 커뮤니티를 운영하다 보면 커뮤니티에 기여한 구성원에게 보상을 주거나, 제3자에게 돈을 지불해야 하거나, 추가 자금을 조달해야 하는 경우도 있다. 이럴 땐 창작물이 들어간 NFT보다는 '화폐'로써 가치를 지닌 FT를 발행하는 것이 효율적이다.

NFT든 FT든 현재 소셜토큰에 관한 다양한 실험이 진행되고 있으니 브랜드나 기업 또는 유명 연예인 입장에서는 소셜토큰의 향방을 잘 지켜보고 특성에 맞게 활용하면 된다.

NFT로 맺어진 친구들,
비프렌즈

—

가장 대표적인 소셜 NFT로는 연쇄 창업가인 게리 베이너척_{Gary Vaynerchuk}이 만든 '비프렌즈_{VeeFriends}'가 있다. 베이너척은 미디어 지주회사인 베이너엑스_{VaynerX} 회장이자 광고대행사 베이너미디어_{VaynerMedio}의 CEO다. 그는 여러 소셜미디어에 3,400만 명 이상의 팔로워를 보유하고 있으며 그의 콘텐츠는 월간 2억 7,200만 뷰 이상이다. 이미 유명 인사인 베이너척은 자신의 팬덤을 활용해 비프렌즈 NFT 프로젝트를 시작했다.

비프렌즈 NFT는 베이너척이 직접 그린 268개의 캐릭터 그림으로 만들어졌으며 총 1만 255개가 2021년 5월 발행됐다. NFT 소유자는 베이너척이 주최하는 행사에 참석할 권리를 갖는다.

베이너척은 소셜토큰 성격에 맞게 사람과 친구 이야기를 담은 그림으로 NFT를 만들었다. 비프렌즈 NFT에 담긴 캐릭터는 사람들이 느끼는 행복, 성공, 공감 등의 속성을 나타냈으며 베이너척이 어릴 적 인기 있던 캐릭터에서 영감을 받아 직접 그렸다. 베이너척은 NFT를 통해 공통 관심사를 가진 사람들끼리 커뮤니티를 만들고 서로를 지지하고 믿기 위해서 NFT 프로젝트에 '친구(프렌즈)'라는 이름을 붙였다.

비프렌즈 NFT 등급은 어드미션Admission, 기프트Gift, 액세스Access 3단계로 구성됐다. 등급에 따라 소셜토큰의 핵심인 혜택이 다르다. 어드미션은 총 9,400개 발행되었으며 3년간 비콘VeeCon에 입장할 수 있는 토큰이다. 비콘은 베이너척이 주최하는 콘퍼런스다. 기프트는 총 555개 발행됐으며, 비콘 입장권은 물론 매년 실물로 된 선물을 받을 수 있는 토큰이다. 액세스는 총 300개로 비콘 입장권과 함께 베이너척과 직접 소통할 수 있는 기회가 주어진 토큰이다. 이 중 210개는 가상공간에서 만날 수 있는 권한이 있고 90개는 오프라인에서 만날 수 있는 권한이 있다. 베이너척과 아침식사, 점심식사, 저녁식사 등을 함께할 수 있는 특전도 들어 있다.

비프렌즈의 어드미션, 기프트, 액세스 혜택을 받을 수 있는 기한은 정해져 있다. 2024년 5월 4일까지다. 이후로는 앞에서 제시한 혜택을 받을 수는 없고 베이너척이 직접 그린 그림이 담겨 있는 수집 카드의 기능만 남는다. 이 때문에 혜택 기한이 만료되면 비프렌즈 NFT 가치는 떨어질 수도 있다. 반대로 베이너척이 처음으로 진행한 소셜토큰의 의미 덕분에 가치가 더 높아질 수도 있다. 크립토 시장 분석 기관 메사리Messari에 따르면, 비프렌즈의 2차 시장 거래 규모는 계속 커지고 있다.

비프렌즈는 NFT 소유자에게 기존 혜택 외에 다른 즐길 거리와 새로운 혜택을 제공하기 위해 노력 중이다. 끊임없이 비프렌즈가 회자되어야 NFT 거래와 참여자의 활동이 활발해지고 가치도 높아지기 때문이다. 비프렌즈는 스트리트패션 브랜드로 잘 알려진 '스테이플Staple'과 파트너십을 체결했다. 양사는 비프렌즈 NFT 캐릭터 중 하나인 '퍼스펙티브 피존Perspective Pigeon'과 스테이플의 비둘기 캐릭터가 그려진 후드티, 티셔츠, 모자 등을 제작했다. 이 상품들은 스테이플 사이트에서 한정 기간 판매되었으며, 퍼스펙티브 피존 NFT 소유자는 이 상품을 무료로 받았다. 비프렌즈는 NFT의 캐릭터 하나하나가 콘텐츠이며 스테이플 외에도 다른 프로젝트와 협업을 계속 진행할 예정이다.

비프렌즈 NFT의 혜택 기간이 종료되더라도 비프렌즈 캐릭터가 계속 사랑받을 수 있도록 하위 컬렉션도 만들었다. 2021년 핼러윈 시즌에는 핼러윈 테마 비프렌즈 캐릭터 NFT를 31개 출시했다. 또 비프렌즈의 프리미엄 NFT인 '기프트 고트 NFTGift Goat NFT'도 555개 발행했다.

비프렌즈는 두 번째 NFT 시리즈를 준비하는 '북게임Book Games'도 발표했다. 북게임을 통해 12만 5,000개의 토큰을 발행하는데, 이 토큰은 향후 비프렌즈 NFT 두 번째 시리즈를 얻는 데 사용된다. 북게임 토큰으로 두 번째 시리즈를 받을 수 있다고 보장하지 않지만, 두 번째 시리즈를 얻기 위해서는 반드시 북게임 토큰이 필요하다.

베이너척은 비프렌즈 NFT로 팬들을 위한 '비프렌즈 생태계'를 만들고 있다. 지금은 베이너척이 직접 나서서 끊임없이 새로운 혜택과 참여 요소를 제공하고 있지만, 생태계가 더 확장되면 비프렌즈의 생태계는 구성원들끼리 지원하고 응원하며 저절로 돌아갈 수 있을 것이다. 비프렌즈 NFT를 보유하고 있다는 것은 NFT에 관심이 있다는 의미이며, 테크와 새로운 문화 경험을 좋아하는 사람이라고 볼 수 있다. 또 베이너척의 프로젝트에 돈을 지불할 정도로 베이너척의 팬이라는 증거이기도 하다. 비프렌즈 NFT 소유자는 이러한 공통 관심사를 가진 커뮤니티 구성원이다. 베이너척은 비프렌즈에 관해 이렇게 설명했다. "나는 친구와 함께하는 비즈니스는 재미있다고 믿는다. 당신은 관심사가 같은 사람들이 모인 커뮤니티를 만들고 그곳에서 우정, 친절, 공감을 통해 다른 사람을 도울 수 있다."[*] 이것이 베이너척이 그리는 비프렌즈 커뮤니티의 모습이다. 서로 도와주면서 각자의 비즈니스를 성장시킬 수 있는 기반을 비프렌즈 구성원을 통해 만드는 것이다.

팬클럽이 진화하면 NFT 메타버스, A0K1VERSE

ㅡ

팬클럽에 NFT와 메타버스를 적용하면 미국의 유명 디제이 스티브 아오키

• https://veefriends.com/faqs

의 AOK1VERSE와 같은 모습이 될 것이다. 스티브 아오키는 2022년 2월 NFT 멤버십이자 메타버스 플랫폼인 AOK1VERSE를 공개했다. 다소 복잡해 보일 수 있지만, 전보다 발전한 팬클럽이라고 생각하면 이해하기 쉽다. 단순하게 보면 팬클럽 이름이 AOK1VERSE이며, AOK1 크레딧Credits NFT를 소유해서 팬클럽 회원 자격을 증명하는 구조다.

우선 아오키는 AOK1VERSE의 멤버십 토큰을 AOK1 크레딧 NFT와 패스포트Passport NFT 두 종류로 만들었다. AOK1 크레딧은 총 5만 개이며 이 중 절반인 2만 5,000개가 일반 판매됐다. 약 5,000개는 2021년에 아오키가 판매한 '드림캐쳐Dream Catcher' NFT 아트컬렉션을 소유한 사람들에게 무료로 지급됐다. 또 다른 NFT 프로젝트인 3LAU 컬렉터, 아담 밤 스쿼드Adam Bomb Squad, 두들즈Doodles 등의 NFT를 보유한 사람에게는 AOK1 크레딧 선구매 기회가 주어진다. AOK1 크레딧의 일정 부분은 향후 파트너십과 미래 커뮤니티 보상 등을 위해 남겨됐다.

AOK1 크레딧 소유자에겐 다양한 혜택이 있다. 스티브 아오키 콘서트 티켓은 물론 아오키의 다른 NFT 구매 우선권, 다른 NFT 프로젝트나 프라이빗 이벤트 접근권, 메타버스 입장권, 무료 어패럴, 디지털 웨어러블, 브랜드 컬래버레이션 제품 등의 특전이 제공될 예정이다.

AOK1VERSE 이벤트에 적극적으로 참여하거나 AOK1 크레딧을 여러 개 모으면 NFT를 패스포트 등급으로 업그레이드할 수 있다. 패스포트는 '시간이 지날수록 진화하는 혁신적인 NFT'다. 얼마나 AOK1VERSE 공간에 활발하게 참여했는지, 커뮤니티에 기여했는지에 따라 패스포트를 얻을 수 있고 패스포트에도 여러 등급이 있다. 패스포트의 등급이 높을수록 더 큰 혜택과 특별한 경험이 준비되어 있다. 가장 높은 등급은 아오키와 직접 만날 수 있는 혜택도 있다. 아오키는 더샌드박스와 파트너십을 발표한 만큼, 더샌드박스에 AOK1VERSE 메타버스를 구현할 것으로 보인다. 여기서 아오키와 비대면 미팅을 하거나 아오키의 콘서트가 열릴 것이라고 예상된다. 이때 AOK1 크레딧을 보유한 사람만 콘서트에 입장하고, 패스포트의 등급이 높은 소유자에게 콘서트 전에 아오키와 특별 미팅을 할 수 있는 기회가 주어지는 시나리오를 예측하는 전문가도 있다.

아오키는 음악 생활을 해오면서 팬 커뮤니티가 발전하고 성장하는 방향을 고민해왔다. 아오키는 이번 프로젝트를 진행하면서 이렇게 말했다.

"1996년 첫 회사인 '딤 맥Dim Mak'을 시작하면서 나는 커뮤니티 콘셉트를 발전시켜왔다. 이제 우리 커뮤니티가 원하는 미래를 바라볼 때다. 커뮤니티는 다양하고 매력적이며 문화와 함께 발전해야 한다고 생각한다. AOK1VERSE는 IRL In Real Life(실제 오프라인 생활)과 메타가 만나는 곳이다. AOK1VERSE 회원은 단지 내 세계뿐 아니라, 나와 관련된 친구들의 다른 NFT 프로젝트, 실제 경험 등에도 접근할 수 있을 것이다."

아오키의 AOK1VERSE는 팬과 아티스트의 관계가 진화하는 모습을 보여준다. 전통적인 채널에서는 아티스트가 팬에게 메시지와 콘텐츠를 전달하고 팬은 이를 소비하는 일방향 소통만 가능했다. NFT와 메타버스는 아티스트가 팬의 참여를 적극적으로 유도할 수 있는 길을 열어주고 있다. 커뮤니티에 더 많이 참여한 팬에겐 아티스트와 함께할 기회가 더 많이 주어지고 친밀한 관계가 형성된다. 팬과 아티스트의 관계가 한층 가까워진 것이다.

소셜 다이닝 클럽,
플라이피시클럽

소셜토큰은 디지털 공간에서만 입장권 역할을 하는 것이 아니다. 오프라인 공간에서도 특별 입장권 역할을 할 수 있다. VCR그룹에서 진행하는 프라이빗 소셜 다이닝 클럽 플라이피시클럽Flyfish Club이 그 예다. VCR그룹은 비프렌즈의 게리 베이너척이 창업한 기업으로 물리적 공간과 디지털 공간에서 레스토랑, 요리 체험, 식음료 제품을 제공한다.

플라이피시클럽은 2023년 상반기 미국 뉴욕에서 오픈하는 레스토랑이다. 규모는 1만 제곱미터이며 칵테일 라운지, 레스토랑, 오마카세 룸 등으로 구성될 예정이다. 레스토랑 이름에 맞게 해산물 요리를 제공한다. 이 레스토랑의 특이한 점은 아무나 입장할 수 없다는 것이다. 플라이피시클럽의 NFT가 있어야만 입장할 수 있다.

플라이피시클럽은 플라이피시 토큰 FFFlyfish와 플라이피시 오마카세 토큰 FFOFlyfish Omakase의 NFT를 발행했다. FF는 2.5이더(약 8,400달러)로 2,650개가 발행됐다. FF의 디자인은 한 종류이며 레스토랑과 칵테일 라운지에 입장할 수 있다. FFO는 4.25이더(약 14만 300달러)로 375개만 발행한다. FFO는 FF 혜택에 더해 오마카세 룸에 입장할 수 있다. 다만 플라이피시클럽 NFT를 보유하지 않았어도 일행 중 NFT를 보유한 사람이 있으면 함께 레스토랑에 들어갈 수 있다. NFT 소유자는 예약한 테이블에 착석할 수 있는 인원수만큼 동행할 수 있다.

NFT 소유자이더라도 예약하지 않으면 레스토랑에 입장할 수 없다. 그리고 NFT 가격에 음식값은 포함되지 않았기 때문에 먹은 만큼 결제해야 한다. NFT와 음식값을 모두 합치면 다른 음식점보다 저렴하지 않다. 오히려 더 많이 지출해야 할 수도 있다.

사용자의 불만을 예상했는지, 플라이피시클럽은 NFT를 월 단위로 다른 사람에게 대여할 수 있도록 했다. 마치 집을 구매하고 돈을 벌기 위해 빈집이나 빈방을 에어비앤비로 활용하는 것처럼, 보유한 플라이피시 NFT를 플라이피시클럽 레스토랑에서 식사하고 싶은 사람에게 돈을 받고 대여해주는 것이다. NFT 소유자는 매달 대여로 수익을 올리고 장기적으로는 되팔아서 시세 차익도 노릴 수 있다. 향후 플라이피시클럽의 NFT 가치의 향방은 아직 모르지만 말이다.

플라이피시클럽은 2021년 12월과 2022년 1월 두 차례에 걸쳐 1,501개의 NFT를 판매해 총 1,400만 달러를 벌어들였다.[•] 플라이피시클럽 NFT는 오픈시 등 마켓플레이스에서 거래되고 있다. 플라이피시클럽은 NFT를 기반으로 한 첫 프라이빗 소셜 다이닝 클럽이라는 의미가 있다. 이 레스토랑은 VIP만 입장할 수 있는 공간이다.

이런 고급 레스토랑을 개업하기 위해서는 많은 초기 자금이 필요하다. 하지만 개업 후 레스토랑이 성공할지 실패할지 예측하기는 쉽지 않다. 위험을 줄이기 위한 방편으로 플라이피시클럽처럼 NFT로 자금을 모아 최고급 레스토랑을 여는 전략도 고려할 수 있다. 플라이피시클럽과 같은 방식이 향후 고급 소셜 다이닝 레스토랑을 개업하는 방식 중 하나로 자리 잡는 미래가 올 수 있지 않을까.

• 〈The world's first 'NFT restaurant' is a members only club that has raised $14 million〉 (Fortune, 2022,01,14)

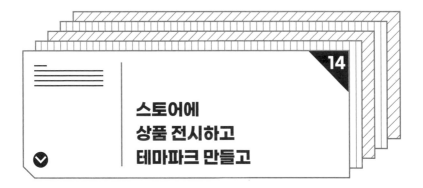

14

스토어에
상품 전시하고
테마파크 만들고

가상공간으로 들어온
팝업스토어

삼성전자는 스마트폰 신제품이 나올 때마다 삼성역 코엑스나 여의도 IFC 몰, 강남역 등 유동 인구가 많은 곳에 팝업스토어나 스마트폰 체험 스튜디오를 설치해서 운영한다. 최대한 많은 잠재 고객에게 신제품을 알리고 사용 경험을 제공하기 위해서다. 삼성전자뿐 아니라 대부분 기업과 브랜드가 비슷한 마케팅 전략을 세운다. 무료로 새로운 체험을 즐길 수 있다는 호기심에 팝업스토어나 체험 공간에 방문한 사람들은 새로운 제품과 서비스를 접했다. 하지만 팬데믹 이후 오프라인에서 불특정 다수를 대상으로 펼치는 마케팅이 불가능해졌다. 팬데믹 초반에 유동 인구가 급감했고 방역

수칙도 지켜야 했기 때문이다. 그러면서 메타버스가 주목받았고 사람들은 오프라인보다 온라인에서 더 많은 시간을 보내기 시작했다. 기업은 잇따라 메타버스 플랫폼인 로블록스나 제페토에 공간을 구축했다.

초기에는 단순한 구조로 만들어져서 사용자들이 기업의 공간을 구경하고 나가는 것이 전부였다. 그래서 모두가 고민하기 시작했다. '조금 더 다양한 기능을 추가할 수는 없을까?'

디센트럴랜드에 디지털스토어를 연, 삼성 837X

—

삼성전자 미국 법인인 삼성아메리카는 세계 최대 가전 전시회 CES 2022에 맞춰 디센트럴랜드에 가상 매장 837X을 열었다. 미국 현지에 실제로 있는 837 매장을 그대로 옮겨놓은 것이다.

CES는 가전제품과 전자기기를 세계에 알릴 수 있는 글로벌 전시회로 매년 이곳에서 많은 기업이 기술력을 과시한다. 하지만 삼성전자는 코로나의 여파로 CES 2022엔 과거만큼 많은 고객이 방문하지 못할 것으로 예상해 메타버스에도 가상 전시장을 오픈했다.

디센트럴랜드에 있는 삼성 837X 매장은 '커넥티비티 극장Connectivity Theater', '지속 가능한 숲Sustainability Forest', '맞춤형 스테이지Customization Stage' 세 공간으로 구성됐다. 삼성은 이 매장 구성으로 연결성, 지속 가능성, 고객 맞춤에 관심을 표현한 것이다. 방문자는 커넥티비티 극장으로 들어가는 노란색 입구, 지속 가능한 숲으로 들어가는 녹색 입구, 맞춤형 스테이지로 가는 붉은색 입구를 만난다.

커넥티비티 극장에 들어가면 삼성전자의 주요 제품 발표 장면을 비추는 메인 스크린이 있다. CES 2022 기간엔 다른 방문객과 함께 볼 수 있는 키노트 하이라이트 영상을 상영했다.

지속 가능한 숲은 나무와 작은 폭포로 숲을 구현했다. 산책할 수 있는 공간이다. 실제 매장이나 체험장에서는 공간 한계로 시도해보지 못했던 공간 구성이 가상의 매장에서는 가능하다. 이 공간은 삼성전자의 제품이나 메시지를 직접적으로 전달하지는 않지만, 삼성전자가 친환경과 자연에 신경 쓰고 있다는 점을 드러낸다. 삼성전자는 최근 기후 변화 솔루션 플랫폼 '베리트리Veritree'와 파트너십을 맺고 2022년 1분기까지 200만 그루의 나무를 심는다고 발표한 바 있다. 맞춤형 스테이지는 방문객들이 즐길 수 있는 공간이다. CES 2022 기간에는 실제 오프라인 매장에서 진행한 DJ 감마 바이브GammaVibes 댄스파티를 맞춤형 스테이지에서 진행했다. DJ의 실제 모습이 가상공간에 비치고 아바타들은 음악에 맞춰 춤을 춘다. 또 방문객은 삼성전자의 한정판 웨어러블 컬렉션 NFT를 받을 수 있는 추첨에 참여했다.

삼성전자는 이 공간을 2022년 2월 10일 새로운 갤럭시 스마트폰 공개 (언팩) 행사에도 활용했다. 실제 언팩 행사를 개최하는 일정에 맞춰 837X를 꾸몄다. 커넥티비티 극장에서는 언팩 행사 영상을 상영하고 매장 곳곳에 갤럭시S22를 홍보하는 종이 박스를 배치했다. 이 종이 박스는 갤럭시 스마트폰 포장 케이스에 사용된 것으로, 이 박스를 모아서 지속 가능한 숲에서 나무를 심을 수 있다. 스마트폰 포장 케이스를 친환경 재료로 활용했다는 걸 간접적으로 드러낸 것이다.

삼성전자가 디센트럴랜드에 오픈한 가상 매장은 아직 완벽한 모습으로 구현된 것은 아니지만 미래의 팝업스토어, 가상 매장을 확인해볼 수 있는 기회다. 언제든 방문자들이 스토어에 방문해 제품이나 서비스를 체험해볼 수 있다. 가상공간 안에서 다양한 국가의 사람을 만나 제품이나 브랜드 이야기를 나눌 수 있는 것도 색다른 경험이다.

삼성전자는 디센트럴랜드에서 부동산을 한 번 구매하고 가상 매장을 짓고 나면, 이후에는 오프라인에서보다 비교적 적은 비용과 노력으로 계속 새로운 이벤트를 개최할 수 있다. 오프라인에서는 비용과 공간 한계로 구현하지 못했던 것을 가상공간에서는 마음껏 구현할 수 있다. 삼성전자가 전달하고자 하는 메시지가 달라질 때마다 내부 인테리어와 공간 구성을 자유롭게 변경하는 것도 가능하다.

삼성전자가 로블록스나 제페토가 아닌 디센트럴랜드를 선택한 이유는 NFT 때문으로 보인다. 로블록스나 제페토에서 기업이 공간을 꾸미려면 이들 플랫폼과 긴밀한 협업이 필요하지만, 디센트럴랜드에서는 삼성전자가 랜드를 구매한 후에는 보다 자유롭게 공간을 활용할 수 있다. NFT가 적용되지 않은 가상공간의 땅은 플랫폼의 소유지만, NFT가 적용된 가상공간의 땅은 온전히 구매자의 것이기 때문이다. 디센트럴랜드 위에 꾸며진 837X와 그 공간은 삼성전자의 소유다. 또 방문자들에게 제공하는 NFT의 형태도 다양하게 적용할 수 있다. 삼성이 CES 2022 시즌엔 웨어러블 컬렉션을 제공했지만, 가상공간에서는 지금껏 우리가 봐왔던 것과는 달리 다양한 형태의 NFT를 상상해볼 수 있다. 삼성전자는 이러한 부분을 고려해 경쟁사보다 빠르게 가상 스토어를 시도한 것이다.

현실에서 광고를 못 한다면 메타버스에서 하면 되지, 밀러 라이트

—

미국의 가장 큰 스포츠 행사 중 하나가 미국 프로 미식축구 리그NFL 결승전인 '슈퍼볼'이다. 단일 경기 스포츠 이벤트 중에서는 세계 최대 규모로 매년 2월 첫 번째 일요일에 경기가 치러진다.

1억 명이 넘는 시청자가 슈퍼볼 경기를 보기 위해 TV 앞에 모이기 때문에 광고 시간을 차지하기 위한 광고주의 경쟁이 치열하다. 슈퍼볼 기간 동안 TV광고 단가는 2022년엔 30초에 최대 약 84억 원이었다.* 비싼 광고비를 들여서라도 슈퍼볼 기간에 광고를 내보내고 싶은 것이 광고주의 마음이다.

하지만 미국의 대표 맥주 브랜드 중 하나인 밀러 라이트Miller Lite는 슈퍼볼 기간에 TV 광고를 할 수 없다. NFL 공식 맥주 스폰서이자 경쟁사인 앤호이저 부시가 슈퍼볼 기간에 밀러 라이트의 광고가 나가는 걸 금지하고 있기 때문이다.

이에 밀러 라이트가 찾은 곳은 디센트럴랜드다. 밀러 라이트는 2022년 2월 7일부터 슈퍼볼이 개최되는 13일까지 디센트럴랜드에 가상 술집 '메타 라이트 바Meta Lite Bar'를 열었다.

메타 라이트 바가 열리는 곳은 디지털 세상이지만 내부 인테리어 콘셉트는 전통 바 분위기를 냈다. 바에는 21세 이상만 들어갈 수 있기 때문에 바

<hr />

* 〈'초당 2억 8천만 원' 슈퍼볼 광고에 '암호화폐' 기업 대거 참여〉 (조선비즈, 2022.02.07)

입구에서 생년월일을 기입해야 한다.

메타 라이트 바 내부는 실제 바처럼 긴 바 테이블과 함께 당구대, 다트, 빈티지 주크박스 등이 구현됐으며 가상의 필스너를 마실 수 있다. 냉장고 안에는 수많은 밀러 라이트 맥주가 있다.

디지털 요소도 가미해 포토 부스에서 셀카를 찍을 수 있고 디지털 악기로 바 무대에서 연주도 할 수 있다. 그리고 메타 라이트 바 내부에서는 '밀러 라이트 슈퍼볼' 광고 영상을 볼 수 있다. 오직 이곳에서만 볼 수 있는 광고다.

가상공간에서는 방문자들이 음식을 먹거나 음료를 마시는 실제 경험을 할 수 없기 때문에 술집이나 음식점, 카페 등을 가상공간에 오픈하는 것은 쉽지 않은 결정이다.

메타버스나 NFT 아이템을 시도하는 곳 중 유독 패션 브랜드가 눈에 많이 띄는 이유도 패션 브랜드는 아바타가 입거나 착용할 수 있는 아이템을 디지털 세상에서 선보일 수 있기 때문이다. 또 주로 메타버스 공간에서는 가상 갤러리나 가상 전시관이 주로 활용된다.

하지만 밀러 라이트의 메타 라이트 바는 과감하게 메타버스 안의 '술집'을 여는 시도를 했다. 실제 방문객들이 밀러 라이트 맥주 맛을 보지는 못하지만, 바 안에서 다른 방문객들과 함께 그 공간을 즐기고 대화를 하면서 밀러 라이트가 추구해나가는 이미지를 간접적으로 체험할 기회를 찾아내 기획한 것이다.

밀러 라이트는 많은 기업에서 시도하는 NFT 굿즈나 NFT를 통한 멤버십보다는 가상공간을 먼저 구축했다. 이를 통해 NFT와 메타버스에 관심을 드러내면서 디센트럴랜드 내의 팬 확보도 시도하고 있다.

가상공간에 갤러리를 연,
소더비

—

경매 회사 소더비는 2021년 NFT 경매를 통해 총 1억 달러(약 1,205억 원)의 매출을 올렸다. 경매 회사인 크리스티에서 2021년 3월 초 디지털 아티스트 비플의 NFT가 6,930만 달러(약 835억 원)에 낙찰되면서 NFT가 주목을 받은 후, 소더비도 디지털 아티스트 팩Pak의 NFT 작품을 경매로 판매했다. 이후 소더비는 월드와이드웹www의 소스코드 NFT, 크립토펑크, BAYC 등 NFT 경매를 진행해오며 관심을 가졌다.

소더비의 관심은 같은 해 6월 디센트럴랜드 소더비 갤러리 개관으로 이어졌다. 디센트럴랜드의 소더비 갤러리는 영국 런던에 있는 소더비 갤러리를 본 따 만들었다. 갤러리 안에서는 소더비 경매에 올라왔던 작품들을 볼 수 있다. 소더비의 가상 갤러리는 디센트럴랜드의 볼테어 아트 구역Voltair Art District에 있는데, 갤러리 입구에 도착하면 소더비의 런던 안내인인 한스 로멀더Hans Lomulder 아바타가 방문객을 맞이한다. 갤러리 내부는 5개의 공간으로 구성된다.

가상 갤러리 오픈 시기에 맞춰 소더비는 NFT 경매인 '네이티블리 디지털Natively Digital'을 소더비 온라인과 디센트럴랜드에서 진행했다. 네이티블리 디지털에는 앞서 언급했던 iNFT와 크립토펑크 #7523 등이 경매에 올라왔으며 가상 갤러리 내부에 이 작품들을 전시했다. 가상 갤러리 벽에 걸린 작품을 클릭하면 경매 사이트로 바로 연결돼 작품 정보를 자세히 볼 수 있다.

소더비는 2021년 11월에는 뱅크시의 작품 '러브 이스 인 디 에어Love is in

the Air'와 '트롤리 헌터스Trolley Hunters'를 포함한 23개 작품의 경매를 디센트럴랜드에서 진행했다. 2022년 2월 18일부터 23일까지는 크립토펑크 경매를 앞두고 디센트럴랜드에서 해당 작품을 전시했다.

지금까지 소더비나 크리스티 경매는 일반인이 접근할 수 없다고 여겼다. 경매에 올라오는 작품 가격만 해도 일반인은 구매할 엄두가 나지 않고 경매 현장에 참석하거나 작품들을 직접 보는 것도 어려운 일이었다.

하지만 소더비처럼 가상 갤러리를 오픈하면 언제 어디서든 누구나 예술 작품을 감상할 수 있다.

소더비는 디센트럴랜드에 가상 갤러리를 오픈하며 이렇게 말했다.

"우리는 디지털 아트의 다음 선두주자로 디센트럴랜드와 같은 공간을 보고 있다. (이러한 공간은) 아티스트, 수집가, 관람자가 세계 어디서든 참여할 수 있고 희소한 작품을 전시할 수 있으며 누구나 볼 수 있는 공간이다."•

스눕 독이 만드는 테마파크, 스눕버스

—

미국의 전설적인 래퍼이자 아티스트 스눕 독은 더샌드박스에 스눕 독 공간 '스눕버스Snoopverse'를 만들고 있다. 향후 이곳에는 스눕 독과 관련된 NFT가 전시되고 가상 라이브 콘서트가 열릴 계획이다. 스눕 독과 팬을 위한 스

~~~~~~~~~

• 〈NFTs: The Center of Attention at Sotheby's Virtual Decentraland Gallery〉 (Observer, 2021.06.07)

눕 독 테마파크인 셈이다.

　이를 위해 스눕 독은 하나둘씩 준비를 해나가고 있다. 2021년 9월 더샌드박스와 협약을 맺고 더샌드박스의 랜드를 인수해 스눕버스를 건설하고 있다. 더샌드박스는 스눕 독 전용 웹페이지를 만들어 현재 진행 상황과 관련 NFT를 소개하고 있다.

　더샌드박스 유튜브 계정에 공개된 스눕버스의 모습은 파티를 즐길 수 있는 수영장이 딸린 맨션이 있으며 스눕 독이 라이브 공연을 할 수 있는 대형 공연장과 스눕 독이 수집한 NFT를 전시한 갤러리 공간도 있다.˙ 스눕 독과 더샌드박스는 스눕버스 입장권 NFT, 스눕 독 아바타 NFT, 스눕 독 테마의 자동차와 같은 컬렉터블 NFT 등을 발행해 판매했다.

　스눕버스의 입장권 역할을 하는 NFT는 두 종류다. 스눕버스 얼리 액세스 패스Snoopverse Early Access Pass와 스눕 프라이빗 파티 패스Spoop Private Party Pass다. 스눕버스 얼리 액세스 패스는 스눕버스 구현이 완료되기 전에 먼저 스눕버스의 공간을 경험해볼 수 있는 입장권이다. 개발 중인 상태의 스눕버스에 들어가 팬으로서 피드백을 주고 스눕버스를 함께 만들어나가는 경험을 할 수 있다. 테마파크 건설이나 특별 행사 준비가 모두 완성된 후에 일부 팬들에게 체험 기회를 먼저 주는 것과는 또 다른 경험이다. 스눕 독의 팬은 아직 완성되지 않은 공간을 스눕 독과 함께 완성해나간다는 의미를 느낄 수 있다. 이 NFT는 5,000개가 발행됐으며 525샌드(약 2,336달러)에 판매됐다. 이 NFT 구매자는 이후 스눕 독의 아바타 NFT 에어드롭에도 참여할 수 있

● https://youtu.be/WD38OueA5zk

으며 스눕 독의 '코조모 드 메디치Cozomo de'Medici' 아트 갤러리 오프닝에 초대된다. 스눕버스에서 구현할 P2E에서 샌드를 보상으로 받을 수도 있다.

스눕 프라이빗 파티 패스는 스눕 독의 프라이빗 메타버스 파티에 참여할 수 있는 NFT다. 총 1,000개가 발행되며, 2022년 2월 5일 기준 오픈시에서 0.9이더(2,704달러)에 판매되고 있다. 해당 NFT 구매자는 스눕 독의 첫 메타버스 콘서트와 코조모 갤러리 오프닝에 초대될 수 있으며 스눕 독 아바타 NFT 에어드롭에 참여할 수 있다.

또 스눕 독은 2022년 1월엔 자신의 더샌드박스 아바타 NFT를 공개했다. 아바타는 총 1만 개로 크립토펑크나 BAYC처럼 스눕 독 기본 몸체에 150가지가 넘는 속성을 무작위로 조합해 각기 다른 1만 개의 아바타로 만들었다. 동일한 아바타는 없다. 아바타 종류는 휴먼, 블루, 에일리언, 좀비, 독, 로봇, 골든 등 총 7종으로 구성됐다. 종류에 따라 희귀성도 다르다. 휴먼이 63퍼센트로 가장 많으며 골든이 1퍼센트로 가장 희귀하다. 이 아바타는 스눕버스뿐 아니라 더샌드박스 어디서나 사용할 수 있다. 더샌드박스에서 스눕 독의 아바타를 본다면, 특별한 소개 없이도 아바타의 주인이 스눕 독의 팬임을 알아차릴 수 있다. 이 아바타는 스눕 독의 최초 메타버스 뮤직비디오에도 출연할 예정이다.

더샌드박스에 스눕 독이 테마 공간을 만들면서 그 주변의 랜드 판매도 흥행했다. 2021년 12월에 스눕버스 근처 부동산 3건이 경매에 올라왔는데, 3건 중 1건은 P-Ape라는 수집가에 의해 7만 1,000샌드(약 45만 달러)에 낙찰됐다. 나머지 2건도 각각 6만 7,000샌드(약 41만 달러), 5만 5,000샌드(약 34만 달러)에 판매됐다.

스눕 독은 더 샌드박스에 자신만의 공간을 구현하기에 앞서 이미 NFT

에 관심이 많은 수집가이기도 하다. '코조모 드 메디치'라는 가명으로 꾸준하게 NFT를 수집해왔다. 대퍼랩스의 분석에 따르면, 스눕 독이 보유한 NFT 가치는 2022년 2월 12일 기준 약 2,000만 달러(약 241억 원)다. 스눕버스 근처엔 DJ 스티브 아오키의 랜드가 있다.

앞서 디센트럴랜드를 통해 살펴본 사례가 기업의 가상공간이었다면, 더샌드박스는 팬들을 위한 가상공간을 어떻게 꾸밀 수 있는지 보여준다. 디센트럴랜드가 보다 '실제 모습'과 가깝다면 더샌드박스는 '재미'와 '놀이'에 조금 더 집중한다. 더샌드박스의 스눕버스는 디센트럴랜드에 지어진 삼성전자 가상 매장과 소더비의 가상 갤러리와는 또 다른 분위기를 자아낸다. 기업이나 브랜드는 실제로 무언가를 보여주고 메시지 전달 목적이 강한 반면, 스눕 독은 팬과 소통하고 함께 노는 목적이 조금 더 강하다고 볼 수 있다. 아직 공식 오픈되지는 않았지만 더샌드박스의 스눕 독 웹페이지와 유튜브를 통해 만나본 스눕버스는 함께 놀고 싶다는 생각이 들게 만든다.

15

정품 확인은
NFT로

실물 상품 인증을
NFT로 한다고?

온라인에서 명품을 구매하거나 중고 거래를 할 때 이 제품이 정품이 맞는지 걱정한 경험은 누구에게나 있다. 최근에는 워낙 기술이 좋아져서 가품도 정품처럼 정교하게 만들기 때문이다. 실제로 위조품 신고는 계속 늘어나는 추세다. 특허청에 따르면 2020년 온라인 위조 상품 신고 건수는 1만 6,693건으로 2년 전보다 3배 증가했다.

~~~~~~~~

• 〈"가짜 아닙니다" 신세계 · 롯데, 온라인몰 명품 보증제 도입에 속도〉 (조선비즈, 2021.09.29)

명품 브랜드는 구매자에게 정품 보증서를 제공한다. 하지만 보증서는 잃어버리기 쉬워서 정품을 샀더라도 잃어버리는 경우도 많다. 실제 상품과 연결된 디지털 보증서가 있으면 좋겠지만 디지털 보증서는 복제가 쉽다. 디지털 보증서를 '공인인증서'처럼 복제가 어렵고 위조할 수 없게 만들 수는 있지만, 비용과 노력이 많이 들어간다. 소비자에게도 이런 보증서는 번거롭기 때문에 모든 제품에 적용하기는 무리다.

하지만 NFT의 등장으로 디지털 보증서를 활용할 수 있다. 상품에 해당하는 정품 보증서 NFT를 발행해 구매자에게 발급하면, 구매자는 해당 상품이 정품이라고 증명할 수 있고 소유권도 명확해진다. 만약 구매자가 명품을 중고 거래로 판매한다면 정품 보증서 NFT를 새로운 구매자에게 전송하면 된다.

명품 브랜드 입장에서도 유통 기록을 확인할 수 있어서 고객 관리가 수월하다. 명품은 구매 후 그 가치가 크게 훼손되지 않고 오히려 오르기도 해서 중고 거래나 되팔기가 잦다. 명품 브랜드는 그동안 상품 첫 판매 후 중고 거래나 되팔기가 이뤄지더라도 자사 제품이 어떻게 유통되고 있는지 관리하기 어려웠다. 하지만 NFT는 거래 기록이 모두 남아 있기 때문에 첫 판매 후에도 자사 제품이 어떻게 유통되는지 추적할 수 있어 상품 관리가 가능해진다.

이렇게 NFT는 콘텐츠를 담은 투자 수단뿐만 아니라 디지털 보증서처럼 제품과 자산을 검증하는 도구로 활용될 수 있다. NFT는 무언가를 인증하고 인정받기엔 최적의 수단이기 때문이다.

명품 브랜드는 이미지 유지, 위조 방지 등의 이유로 디지털 혁신에 다소 소극적이었다. 온라인에서 다른 상품들이 수없이 많이 거래되던 몇 년 전까지만 해도 말이다. 하지만 이제 온라인 유통은 거스를 수 없는 상황에 이

르렀다. 블록체인과 NFT 적용으로 정품 인증이 가능해지자 명품 브랜드도 디지털 혁신에 적극적으로 뛰어드는 추세다.

LVMH·카르티에·프라다가 위조 방지를 위해 뭉쳤다, 아우라

위조 방지를 위해 블록체인 기술 적용에 가장 먼저 나선 곳은 루이비통, 크리스찬 디올, 펜디, 지방시 등의 브랜드를 보유한 기업 LVMH다. LVMH는 2019년 블록체인 기술을 활용한 위조 방지 솔루션 플랫폼 '아우라Aura' 블록체인 개발을 시작했다. 이후 지속 가능한 플랫폼으로 발전시키고자 까르띠에, 프라다와 손을 잡고 2021년 4월 '아우라 블록체인 컨소시엄'을 설립했다. 같은 해 10월에는 디젤, 메종 마르지엘라, 질샌더 등을 보유한 OTB 그룹도 합류했다.

아우라는 향후 출시되는 명품 제품에 디지털 정품 인증서를 발급할 예정이다. 이 인증서가 NFT다. 제품마다 정품 인증을 위한 식별 번호가 있듯이 NFT에도 토큰 ID가 있다. 제품에 연결되는 NFT 인증서는 단 한 번만 발행된다.

소비자 입장에서 정품 보증서 NFT를 사용하는 방법은 간단하다. 실제 제품에 NFT를 확인할 수 있는 QR코드나 무선 주파수 식별칩RFID이 부착되어 있다. 소비자가 이 QR코드나 무선 주파수 식별칩을 스마트폰 카메라로 인식하면 해당 제품과 연동된 정품 보증서를 웹사이트나 앱을 통해 확인할 수 있다.

아우라 블록체인 컨소시엄의 목표는 아우라 플랫폼을 새로운 산업 표준으로 만드는 것이다. 현재 참여하고 있는 브랜드뿐 아니라 다른 명품 브랜드도 컨소시엄에 참여해 아우라가 글로벌 명품 브랜드를 모두 아우르는 정품 인증 글로벌 블록체인 플랫폼이 되는 것이다. 브랜드 입장에서 위조 방지를 위한 블록체인 플랫폼을 따로 개발하고 관리하는 것보다 통합 시스템 구축이 효율적이기 때문이다. 소비자 입장에서도 여러 블록체인을 다루는 것보다 하나의 플랫폼을 사용하는 것이 편하다.

명품 시계 브랜드도 정품 인증을 위해 블록체인과 NFT를 활용한다. 브라이틀링, 바쉐론 콘스탄틴, 오데마피게 등은 정품 인증을 위한 블록체인 컨소시엄 '아리아니Arianee'에 참여했다. 소비자가 시계를 구입한 후 아리아니 앱에 제품을 등록하면 정품 인증서 NFT를 받는 방식이다. 기본 작동 방식은 아우라와 유사하다.

아우라와 아리아니의 차이점은 개방성이다. 아우라는 고객의 중요 정보를 포함해 명품 브랜드가 사업 전략상 보호해야 하는 정보는 외부에 공개하지 않는다. 아리아가 권한을 부여한 소비자만 정품 인증이나 거래 내역, 유통 과정 등을 확인할 수 있다. 투명성과 신뢰도를 높일 수 있는 수준의 정보만 공개하는 것이다.

반면 아리아니는 퍼블릭 블록체인으로 코드를 공개하고 있다. 퍼블릭 블록체인으로 데이터를 공유한다고 해서 개인 정보 유출의 우려는 없다. 공개되는 정보는 해당 제품의 정품 여부와 거래 내역, 해당 제품의 소유자 지갑 주소 등이다. 소유자의 개인 정보는 보호된다.

해외에서는 정품 인증을 위해 명품 브랜드가 직접 나선 반면, 국내에서는 온라인 쇼핑몰이 나섰다. 대표적으로 SSG닷컴은 프라다, 생로랑, 발렌티노 등 명품 브랜드 제품에 'SSG 개런티' 표시를 부착했다. 해당 제품을 구매한 소비자에게 제품 정보와 구매 이력, 보증 기간, 보안 정보 등이 담긴 디지털 보증서 NFT를 발급해준다. 발급받은 NFT는 카카오톡 안에 있는 '클립' 지갑에 보관된다. 구매자는 언제든 디지털 보증서 NFT를 확인할 수 있고 구매했던 상품을 중고 거래할 때는 새로운 구매자에게 디지털 보증서 NFT를 카카오톡으로 보낼 수 있다.

술 보관은,
블록바

—

고급 주류 시장에서도 정품 인증 기능을 원하는 고객이 있다. 고가의 술이지만 실제로 먹어보기 전까지는 정품인지 확인하기 어렵기 때문이다. 블록바BlockBar는 고급 주류 브랜드와 협력해 실제 주류 제품과 연동된 NFT를 발행한다. 앞서 살펴본 아우라, 아리아니와 차이점이 있다면 블록바는 실제 상품, 위스키와 와인을 직접 보관한다는 점이다. 고급 술 관리를 위한 프로세스다. 소비자가 블록바에서 고급 술을 구매하면, 블록바는 실제 술을 보내주는 대신 해당 술과 연동된 NFT를 발급해준다. 술은 블록바의 특별 저장소에 보관된다. 소비자는 실제 술과 연동된 NFT만 보유하고 이후에 블록바의 마켓플레이스에서 술을 거래하거나 지인에게 선물할 수 있다. 실제 술의 소유주가 바뀌어도 술은 블록바가 관리하는 저장소에 계속 보관된다. 만약 실제 술을 집에 보관하거나 마시고 싶다면 블록바에 교환 신청을 하면 된다. 블록바는 실제 술을 소유주에게 배송하고 해당 술과 연동된

NFT는 없어진다.

소비자가 술을 구매하더라도 실제 술을 바로 배송해주지 않는다. 그 이유는 보관 때문이다. 와인을 포함한 고가의 술은 보관 방식과 환경이 까다롭다. 일정 온도와 습도 등 환경을 유지해야 술의 맛과 가치를 유지할 수 있다. 하지만 일반 가정에서는 그런 환경을 맞추기가 쉽지 않다. 비싼 술을 사더라도 보관을 잘못해 맛이 변질되어 가치가 떨어질 수 있다. 보관이나 이동 중에 술병이 깨질 우려도 있다.

블록바에 따르면, 지난 10년 사이 고급 술을 수집하는 사람은 582퍼센트가 늘었다. 하지만 고급 술의 진위 여부나 소유권을 증명하기는 여전히 어렵다. 블록바는 이 점을 파고들었다. 블록바는 보관 비용이나 수수료를 별도로 받지 않는다. 대신 수집가들이 마켓플레이스에서 술을 판매했을 때 블록바와 주류 브랜드가 판매 가격의 10퍼센트를 수수료로 가져간다. 또 실제 술을 배송할 때 배송비와 관세를 별도로 받는다.

영국 위스키 브랜드인 글렌피딕 Glenfiddich은 블록바에서 아르마냑 캐스크에서 숙성한 '1973 46년산 싱글 몰트 스카치' 위스키병을 15개 한정으로 NFT와 함께 판매했다. 호주 와이너리 펜폴즈 Penfolds는 2021년 11월과 2022년 1월 두 차례에 걸쳐 한정판 와인을 NFT와 함께 판매했다. 2022년에 판매한 와인은 '펜폴즈 매길 셀라 3 카베르네 쉬라즈 2018'로 수석 와인 메이커 피터 가고 Peter Gago의 주도로 생산됐으며 일반 소매점이나 와이너리에서는 구매할 수 없는 상품이다. 2021년에 판매된 와인 '2021 매길 셀라 3'는 12초 만에 13만 달러(약 1억 5,000만 원)에 팔렸다. 멕시코 데킬라 브랜드 패트론 스피리츠 Patron Spirits도 한정판 '체어맨스 리저브 Chairman's Reserve'를 블록바에서 판매하는 등 고급 주류 시장에서도 NFT를 적용하는 사례가 늘고 있다.

최근 주목받고 있는 중고 거래 '리셀 플랫폼' 스톡엑스StockX도 이와 유사한 방식을 적용한 '볼트 NFTVaultNFT' 서비스를 출시했다. 스톡엑스의 볼트 NFT는 스톡엑스가 직접 실제 신발을 보관하고 구매자에겐 소유권 NFT를 발행해주는 방식이다. 소비자 입장에서는 신발을 되팔 때 배송 비용이 별도로 들지 않고 NFT만 거래하면 되기 때문에 편리하다. 스톡엑스는 NFT를 발행할 때 실제 신발 이미지를 담은 NFT도 발행해 NFT 수집용으로도 인기가 많다.

지금까지 실물과 연동된 NFT는 대부분 실물을 제작하는 브랜드에서 개입했지만 스톡엑스는 독립적으로 움직였다. 이 때문에 스톡엑스는 소송에 휘말렸다. 나이키가 스톡엑스를 고소한 것이다. 스톡엑스가 나이키의 신발 이미지를 NFT로 판매했다는 것이 쟁점이다. 만약 유사한 서비스를 구상한다면 반드시 고려해야 할 이슈다.

NFT를 기업의 서비스,

마케팅으로만 활용할 수 있는 건 아니다.

NFT로 인해 크리에이터의 세계에는

큰 혁신이 일어날 것이다.

NFT는 팬과 창작자, 제작자의 거리를 좁혀준다.

창작자가 자신의 작품을 직접 판매할 수 있고

팬들과 직접 연결되어 관계를 맺을 수 있다.

NFT가 크리에이터 이코노미를 강화한다고 말하는 이유다.

하지만 IT에 익숙하지 않은 이들에게

NFT는 여전히 낯설고 어렵다.

미디어에서는 NFT를 활용한 작가들 소식과

작품이 얼마에 팔렸다는 소식만 나올 뿐

크리에이터가 구체적으로 NFT를 어떻게 활용했다는

내용을 찾아보기는 쉽지 않다.

4부에서는 개인 크리에이터를 위한

NFT를 살펴본다.

조금만 알아도 최고의
무기가 되는 이것

NFT 시장의 중심은 크리에이터와 아티스트다. 이들을 예술 작품에만 한정할 필요는 없다. 유튜브 크리에이터 그리고 소셜미디어에 다양한 사진과 이미지, 영상, 게시글을 직접 작성해 올리는 모든 사용자로 확대할 수 있다. 소셜미디어에 올라오는 창작물 중 아무런 가치가 없어 보이는 것도 있지만 잘 찍은 사진이나 마음을 따뜻하게 하는 일러스트, 전 세계로 퍼지는 밈, 공감을 부르는 글 등 퀄리티가 높은 콘텐츠도 많다.

여기에도 NFT가 활용될 수 있고 온라인에 올라온 어떠한 것도 NFT로 발행해 판매할 수 있다. 창작자와 사용자가 만든 콘텐츠를 기반으로 성장한 트위터, 유튜브, 페이스북, 인스타그램 등의 소셜미디어와 인터넷 플랫폼이 NFT 트렌드를 주목하고 있다. 크리에이터의 창작 활동에 주요한 수단으로 NFT가 자리 잡으면 소셜미디어와 인터넷 플랫폼의 역할이 줄어들 가능성이 크기 때문이다. 특히 구글은 크리에이터가 유튜브에서 NFT로 수익을 올릴 수 있도록 준비하고 있다.

NFT가 크리에이터 시장을 뒤흔들 것이라는 많은 전망과 예측이 나오지만, 정작 크리에이터에게 NFT는 여전히 어렵다. 그래서 크리에이터가 NFT를 쉽게 발행하고 작품 활동에 활용할 수 있는 도구를 소개한다.

NFT와 스마트 계약은 완전한 창작자의 것, 매니폴드

—

크리에이터가 NFT를 발행하고 판매할 때 가장 많이 활용하는 플랫폼은 오픈시나 라리블과 같은 NFT 마켓플레이스다. NFT 마켓플레이스는 크리에이터가 편리하게 NFT를 판매할 수 있도록 NFT 발행 서비스도 함께 제공한다. 하지만 특정 플랫폼을 이용하는 만큼 제약도 따른다. 크리에이터가 오픈시에 만든 NFT는 오픈시에서 발행된 무수한 NFT 중 하나이며 NFT 토큰 ID는 플랫폼에 의해 무작위로 정해진다. 스마트 계약은 오픈시 기준에 따라 정해지게 된다. 자신의 NFT에 새로운 기능을 덧붙이기는 어렵다. NFT의 특징 중 하나가 프로그래머블Programmable, NFT를 만든 사람이 원하는 기능을 부여할 수 있는 것인데 말이다.

또 NFT가 2차 거래로 판매될 때마다 크리에이터가 받는 로열티는 NFT

를 발행한 플랫폼에서 2차 판매가 됐을 때만 받을 수 있다. 예를 들어 A 플랫폼에서 발행한 NFT를 A에서 1차 판매하고, 이후 2차 판매도 A에서 이뤄졌을 때만 크리에이터는 로열티를 받을 수 있다. A가 아닌 다른 마켓플레이스나 플랫폼에서 2차 판매가 되거나 개인 간 거래가 이뤄지면 크리에이터가 로열티를 받지 못할 수 있다.

크리에이터의 권한이 많아지고 플랫폼 의존도가 낮아졌다고 하지만, 이러한 경우엔 크리에이터가 자신의 작품에 완전한 통제권을 갖지는 못하는 셈이다.

매니폴드Manifold는 크리에이터에게 보다 많은 권한과 유연성을 제공하는 '매니폴드 스튜디오Manifold Studio'를 서비스한다. 크리에이터는 코딩을 몰라도 마우스 클릭만으로 자신의 NFT에 어울리는 스마트 계약을 설정할 수 있다.

매니폴드 스튜디오에서 NFT를 만드는 방법은 간단하다. 콘텐츠를 업로드하고 메타 데이터(콘텐츠 이름, 설명, 제작자 등의 정보)를 기록하고 'MINT(발행)' 버튼만 클릭하면 된다. 고해상도 비디오와 이미지가 담긴 NFT를 만들 수 있고 파일 크기는 무제한이다. 매니폴드는 이더리움 기반인 ERC-721, ERC-1155 NFT 발행을 지원한다. 이렇게 만들어진 NFT를 오픈시, 라리블 등 주요 NFT 마켓플레이스에서 판매하는 것도 가능하다.

매니폴드의 특징은 크리에이터가 스마트 계약을 원하는 대로 설정할 수 있다는 점이다. 이는 NFT의 에어드롭, 로열티 등 기능과 조건을 크리에이터가 자유롭게 변경할 수 있다는 의미다. 예를 들어 알파 센타우리 키드Alpha Centauri Kid는 '죽음이 우리를 갈라놓을 때까지Till Death Do Us part' NFT 작품을 발행했다. 그가 살아 있는 동안 이 NFT 안에 담긴 콘텐츠는 계속 변한다. NFT 안에 역동적인 라이브 퍼포먼스를 담은 것이다.[•] 또 팩은 그의 $ASH 토큰을 만들어 토큰을 보유한 그의 열혈 팬들이 다른 사람보다 1시간 빠르게 NFT 미디어 아트이자 전략 게임인 '로스트 포엣츠Lost Poets'에 접근할 수 있는 조건을 걸기도 했다.

매니폴드는 크리에이터가 하기 어려운 개발 부분을 해결했다. 동시에 창작물의 통제권과 소유권을 크리에이터에게 그대로 돌려줘 유연하게 계약할 수 있는 길을 열었다. 매니폴드와 같은 플랫폼과 오픈시나 라리블처럼 표준화된 플랫폼 중 무엇이 더 좋은지 단편적으로 말하기는 어렵다. 편의성을 원한다면 오픈시와 같은 마켓플레이스가, 아니면 좀 더 유연하고 완전한 통제권을 원한다면 매니폴드가 적합할 것이다.

나도 크립토펑크를 만들 수 있다, NFT 아트 제너레이터

—

크립토펑크나 BAYC와 같은 대부분의 PFP NFT는 사람이 일일이 1만 개의 캐릭터를 그린 것이 아니다. 기본 형태를 정하고 몇 가지 속성을 무작위로 조합해 1만 개를 만들었다. 아이디어 자체는 어렵지 않다. 누구나 만들 수 있을 것 같다. 하지만 속성을 무작위로 조합해 1만 개로 만드는 알고리즘 코딩이 필요하다. 크립토펑크와 같은 PFP NFT를 누구나 만들 수 있지

• https://twitter.com/lphacentaurikid/status/1446961962370412549?s=21

만 '아무나' 만들 수 없는 이유다.

'NFT 아트 제너레이터NFT Art Generator'는 코딩이 필요 없는 제너레이티브 NFT 컬렉션을 만들어주는 서비스다. 제너레이티브는 몇 가지 속성을 크리에이터가 설정하면 컴퓨터가 이 속성을 알고리즘으로 무작위로 조합하는 걸 말한다. 크리에이터가 알고리즘을 설정하고 이 알고리즘이 그림을 그리는 제너레이티브 아트도 있다. 제너레이티브 NFT 컬렉션을 만들고 싶은 크리에이터라면 NFT 아트 제너레이터에서 레이어를 먼저 만들어야 한다. 레이어란, NFT 안에 담기는 기본 요소로 PFP NFT라면 얼굴, 머리, 배경 등을 말한다. 레이어를 만들고 각 요소에 해당하는 속성을 크리에이터가 만들어 NFT 아트 제너레이터에 올리면 알아서 무작위로 조합해준다. 크리에이터가 각 속성의 희소한 정도를 정할 수 있고 메타데이터도 직접 편집할 수 있다.

NFT 아트 제너레이터는 기본 100개까지는 무료로 사용할 수 있지만 NFT에 'NFT 아트 제너레이터' 워터마크가 찍힌다. NFT 컬렉션이 100개를 넘으면 발행 수량에 따라 가격이 달라진다. 그리고 각 NFT가 1차 판매될 때마다 NFT 아트 제너레이터가 판매 금액의 4.9퍼센트의 수수료를 가져간다.

NFT 아트 제너레이터와 같은 다양한 툴이 나오면서 PFP NFT 컬렉션을 만드는 것 자체는 쉬워졌지만 크립토펑크나 BAYC처럼 많은 인기를 얻기는 쉽지 않다. PFP NFT가 다양하지 않았을 때는 색다르거나 귀엽거나 특이한 콘셉트의 PFP NFT가 인기를 쉽게 끌었지만, 현재는 이미 너무 많은 유사 NFT가 시장에 나왔다. 이미지에 있는 재미난 요소 외에도 BAYC처럼 NFT 소유자에게 새로운 경험을 제공하거나 소속감을 느낄 수 있는 혜택을 어떻게 끊임없이 설계하느냐가 흥행의 관건이고 장기적으로 살아남을 수 있는 방법이다.

트위터 창업자가 사용한 플랫폼, 밸류어블

소셜미디어에 이미 올린 콘텐츠를 NFT로 만들 수는 없을까? 잭 도시 트위터 창업자가 트위터의 첫 게시물을 NFT로 발행해 판매한 것처럼 말이다. 이미 소셜미디어에 올린 콘텐츠 중 가치가 있는 것은 NFT로 발행해 판매하면 소셜미디어를 이용하는 크리에이터도 수익을 쉽게 올릴 수 있다.

잭 도시 트위터 창업자는 '밸류어블Valuable'을 이용해 트위터의 첫 게시물을 NFT로 발행했다. 밸류어블은 트위터에 올린 내용을 NFT로 발행해 판매할 수 있는 툴이다.

누군가가 트위터에 올라온 글에 관해 작성자에게 NFT 발행을 제안하고, 작성자가 이 제안을 받아들이면 밸류어블은 이를 NFT로 발행한다. NFT에는 게시물 내용과 작성자 이름, 작성자의 디지털 서명, 발행 시간, 링크 등이 담긴다.

구매자는 트윗 NFT를 마켓플레이스에서 거래할 수 있고 디지털 갤러리에 전시할 수 있다. 구매자는 트윗 NFT의 소유권은 갖지만, 저작권을 갖는건 아니다. 이 때문에 구매한 트윗 NFT로 티셔츠 등 2차 창작물을 만들지는 못한다.

작성자가 트위터에서 게시물을 지워도 트윗 NFT는 삭제되지 않는다.

NFT로 발행된 이상 메타데이터와 함께 블록체인 위에 남아 있다. 그리고 트윗 NFT의 링크는 게시물을 찍은 화면으로 연결된다.

이걸 누가 구매할까 싶지만, 잭 도시 이후에도 여러 게시물이 NFT로 발행되어 거래됐다. 밸류어블에서는 게시물당 한 번만 NFT를 발행할 수 있다. 의미 있는 멘트나 이미지, 영상 등이 담겼다면 소장할 가치가 있다. 밸류어블은 트윗 NFT를 '디지털 증명서'로 본다. 크리에이터가 직접 작성한 글과 사진, 영상은 마치 크리에이터가 자신의 작품이나 굿즈에 직접 서명한 것과 같다.

더군다나 크립토 시장은 트위터를 활발하게 이용하고 있어 크립토 시장에서 의미 있는 멘트와 영상, 이미지 등이 자주 올라온다. 과거 인간이 동굴 벽화에 그림을 그려 대화를 하고 당시 시대상을 담아냈듯이 현대에는 트위터에 현재 상황을 담아내 먼 미래에 동굴 벽화와 같은 역할을 하지 않을까 조심스럽게 예측해본다.

밸류어블은 트위터 등 소셜미디어를 이용하는 크리에이터가 광고 수익 기반에서 벗어나 콘텐츠 자체로 수익 창출을 하도록 돕는 것이 목표다. 이에 밸류어블을 개발, 운영하는 센트Cent는 팬들이 크리에이터의 포스트를 구독할 수 있는 서비스 플랫폼 '센트'도 준비하고 있다. 크리에이터는 센트에 콘텐츠를 올리고, 팬은 크리에이터의 포스트에 '씨앗을 심어Seed' 크리에이터를 구독할 수 있다. 구독자는 시더Seeder 역할로 한 달에 최소 1달러를 내며 크리에이터를 지원한다.

미래에 크리에이터가 콘텐츠를 통해 수익을 벌면 수익의 5퍼센트는 센트가, 나머지 95퍼센트는 크리에이터와 시더가 50대 50으로 나누는 구조다.

인스타그램 게시물도 NFT로, 클라우트아트

—

인스타그램 포스트는 휘발성이 강하다. 인스타그램 계정에 포스팅한 사진과 이미지는 계속 남아 있지만, 포스팅한 후 시간이 지나면 노출되기 쉽지 않다. 팔로워들이 포스트를 보고 '좋아요'를 누르는 시간은 평균적으로 포스팅 후 48시간 이내다. 인스타그램 포스트 중에서는 시간이 지나도 간직할 가치가 있는 포스팅이 있는데도 말이다.

트위터 게시물을 NFT로 발행하는 것처럼 인스타그램도 NFT로 발행할 수 있는 서비스가 있다. 클라우트아트Clout.art다. 클라우트아트는 인스타그램에 존재하는 이미지와 영상을 블록체인에 남길 수 있도록 지원한다. 인스타그램 인플루언서의 디지털 스토리가 지닌 가치를 보존하는 유니크한 NFT를 만들 수 있다.

클라우트아트를 통해 인플루언서, 팔로워, 수집가 모두 인스타그램 포스트의 가치를 보존할 수 있다. 작동 방식은 밸류어블과 유사하다. 다른 사람의 인스타그램 포스트를 NFT로 발행하기 위해서는 계정 소유자의 승인을 받아야 한다. 자신의 포스트를 NFT로 만든다면 별다른 승인 절차는 생략할 수 있다. NFT 제목, 설명, 원작자 등 메타데이터를 기입하고 NFT로 발행하면 된다. 발행자는 NFT를 마켓플레이스에서 판매하거나 간직할 수 있다.

NFT로 발행된 인스타그램 포스트는 블록체인 위에 남기 때문에 인스타그램 서비스가 종료되거나 계정이 차단당해도 인스타그램 포스트 NFT는 사라지지 않는다. 소셜미디어 포스트의 NFT는 대중적으로 높은 가치를 갖지 않더라도 개인에게 중요한 의미를 담고 있으면 NFT로 발행하는 것도 좋은 선택이라는 걸 보여준 호주 아티스트의 사례가 있다.

호주 아티스트 테아 마이 바우만Thea-Mai Baumann은 익명으로 거의 10년 동안 인스타그램에서 @metaverse 계정을 사용했는데, 2021년 11월에 갑작스럽게 차단됐다. 페이스북이 사명을 '메타Meta'로 변경한 이후였다. 테아는 계정을 복구하려고 시도했으나 인스타그램은 다른 사람을 사칭한 계정이라는 메시지만 전달할 뿐 계정을 복구시켜주지 않았다. 그때 테아는 클라우트아트를 떠올렸다.

테아는 인스타그램 계정이 차단되기 전인 2021년 10월 말 클라우트아트를 통해 2012년에 올렸던 자신의 인스타그램 첫 포스트를 NFT로 발행한 적이 있었다. 새로운 서비스를 테스트하기 위한 것으로 그 당시엔 큰 의미가 없었다. 하지만 인스타그램 계정이 차단된 후 이 NFT는 큰 의미가 생겼다.

이 사건은 플랫폼 기업에게 모든 통제권이 있기 때문에 그들의 결정에 의해 계정이 한순간에 사라질 수도 있다는 걸 보여준다. 하지만 블록체인에 남겨진 포스트 NFT는 소각되지 않는 이상 이렇게 온전히 소유자의 것으로 남는다.

테아는 인스타그램 NFT를 통해 자신의 계정이 자신의 소유임을 증명하려고 노력했다. 결국 《뉴욕타임스》에 테아의 사례가 보도되고 난 뒤 그의 계정은 복구됐다.[•]

〰〰〰

• 〈Clout.art restores artist's stolen Instagram handle @metaverse using a special NFT〉 (Cointelegraph, 2021.12.20)

글도 NFT가 된다,
미러

—

인터넷에 올라온 모든 것이 NFT로 발행된다. 글도 마찬가지다. '미러Mirror' 는 크리에이터가 글을 올리고 팬들이 직접 후원하는 이더리움 기반의 탈중앙화 퍼블리싱 플랫폼이다. 쉽게 생각하면 팬들이 작가의 글을 더 보기 위해 자금을 모아 작가를 후원하거나 NFT로 발행된 작가의 글을 구매하는 방식이다.

미러가 초반에 선보였던 기능은 크라우드펀딩 기능이다. 작가는 프로젝트에 필요한 자금을 모을 수 있고 후원자에게 인센티브를 제공할 수 있었다. 후원자는 프로젝트 토큰을 받아 프로젝트의 거버넌스(지분)를 획득한다. 프로젝트가 성공할수록 후원자는 커뮤니티 안에서 더 많은 혜택을 받는 구조다.

존 팔머John Palmer가 2021년 1월 미러에서 첫 크라우드펀드를 시도한 결과, '시저 라벨Scissor Labels'이라는 글로 10이더(1만 3,000달러)를 모았다. 팔머는 $ESSAY 토큰을 발행해 63명의 후원자에게 분배했다. 현재 $ESSAY 토큰 소유자는 200명이 넘었다. 거래량은 500건 이상을 기록했다.

미러는 NFT 에디션 기능도 추가했다. 같은 NFT를 고정된 가격에 한정된 수량으로 발행하는 기능이다. 미러에서 쓴 글을 NFT로 발행할 수도 있으며 이미지나 GIF 파일 등의 컬렉터블 NFT도 만들 수 있다.

데일리 뉴스레터 '더트Drit'는 자사의 마스코트 '더티Dirty'의 NFT 판매를 크라우드펀딩으로 진행했다. 더티의 NFT는 3가지 버전의 움직이는 GIF 파일로 구성된다. 100개의 연두색Pea Green 에디션, 30개의 펄 핑크Pearl Pink

에디션, 1개의 레인보우 웨이브RainbowWave 에디션이다. NFT 구매자는 보상으로 NFT 아트와 $DIRT-S1토큰을 받는다. 크라우드 펀딩에 참여한 후원자는 뉴스레터의 성장과 진행 상황을 알리는 보고서를 받는 동시에 향후 뉴스레터에서 다룰 내용, 작성 기회, NFT 구매 우선권 등 기회를 얻는다.

미러는 다른 NFT 플랫폼과 다른 시각을 가지고 있다. 일반적으로 NFT는 가치를 높게 평가받을수록 크리에이터에게 좋고 높은 가치를 위해 희소성을 중요하게 여긴다. 하지만 미러는 이러한 접근법은 경매를 부추길 뿐만 아니라 크리에이터가 아무리 많은 입찰자로부터 지원을 받아도 실제로 받을 수 있는 자금은 낙찰자 한 명의 돈이라는 점에 주목했다. 입찰자는 NFT 작품의 가격이 너무 높아지지 않게 하려고 경매 기간이 끝나기 전까지 작품에 관한 관심을 숨기기도 한다. 또 대부분 사람은 크리에이터를 좋아하더라도 고액 경매에 참여할 시간과 자금적 여유가 부족하다. 미러는 글과 같은 콘텐츠에는 이러한 NFT 생태계가 적합하지 않다고 봤다. 글은 더 많은 사람이 볼수록, 더 많은 팬이 작가와 가까워질수록 작가가 작품 활동을 하는 데 더 좋은 콘텐츠라는 시각이다.

결국 NFT를 '얼마에 팔았냐'보다는 '얼마나 많은 사람에게 팔았냐'가 더 중요할 수 있다. 그래서 미러는 NFT를 발행하는 에디션 기능에 NFT를 한정된 다수가 보유할 수 있도록 했다. 그중 NFT 발행 초기에 참여한 구매자의 NFT의 가치가 더 높아지도록 했다. 미러는 NFT를 투자 수단보다는 크리에이터를 위한 크라우드펀딩과 커뮤니티 멤버십 역할을 핵심 기능으로 개발하고 있다.

나만의 팬 커뮤니티를 만드는 수단,
랠리

―

크리에이터와 팬 커뮤니티를 위한 플랫폼 '랠리Rally'는 기존 팬 커뮤니티와 크리에이터 관계의 진화를 꾀한다. 랠리는 크리에이터에게 암호화폐와 블록체인에 관한 지식이 없어도 토큰을 만들 수 있도록 지원한다. 소셜클럽을 위한 토큰이므로 소셜토큰의 일종으로 볼 수 있다.

크리에이터가 토큰을 발행하면 팬 커뮤니티는 그들만의 독립적인 디지털 경제를 구축한다. 크리에이터는 수익을 창출하고 토큰 소유자는 크리에이터로부터 혜택을 받는다. 이 토큰은 커뮤니티가 이벤트에 참여하도록 유도하는 장치가 될 수도 있다.

랠리는 2021년 8월 NFT 플랫폼도 출시했다. 랠리가 크리에이터의 NFT를 바라보는 시선은 미러와 비슷해서 희소성보다는 효용성, 접근성, 참여에 무게를 둔다. 희소성이 있고 가치가 높은 NFT는 거대한 수익을 낼 수도 있지만 이는 크리에이터와 팬의 장기적이고 깊은 관계를 구축하는 데는 오히려 방해가 된다고 봤다. 크리에이터는 NFT를 발행해 티켓이나 접근성 또는 디지털 굿즈 등의 혜택을 제공할 수 있다.

랠리가 이러한 플랫폼을 만든 목적 중 하나는 크리에이터의 수익 창출이다. 기존 인터넷 플랫폼에서 활동하던 크리에이터는 광고 없이 본연의 창작 활동만으로 생계를 유지하기 어려웠다. 광고 수익도 팬이 굉장히 많아야 생계 유지가 가능한 수준의 수익 창출이 가능하며, 대부분의 크리에이터는 그렇지 않다. 랠리는 자사 플랫폼에서는 창작 활동만으로도 먹고살 수 있다고 설명한다.

랠리를 활용하는 방법은 다양하다. 랠리 플랫폼에서 활동하고 있는 일마인드Illmind는 그래미상을 수상한 유명 프로듀서다. 랠리에서 $BALP토큰을 발행하고 $BALP토큰 소유자들을 위한 특별한 혜택을 준비했다. 일정 수량 이상의 $BALP를 모은 소유자는 4마디 기타 리프나 드럼이 없는 피아노 루프와 같은 멜로디 템플릿을 일마인드에게 보낼 수 있다. 그러면 일마인드는 여기에 맞는 비트를 만들어준다. 또 $BALP토큰 소유자는 일마인드에게 온라인 교육을 받거나 공동 작업을 할 수 있는 기회가 주어진다.

크리에이터가 자신의 커뮤니티를 활성화하기 위해 소셜토큰을 활용할 수도 있다. 게임 스트리밍 플랫폼 '트위치Twitch'에서 활동하고 있는 니콜레나 문Nicholena Moon은 랠리에서 $MOON토큰을 만들어 이 중 일정 부분을 게임 '하스스톤' 리그 개최를 위해 사용했다. $MOON으로 구매할 수 있는 리그 이벤트 참여권 NFT를 발행했으며, 리그 참여자와 우승자에게 수여되는 NFT도 있다. 니콜레나 문은 $MOON과 NFT 발행 등 랠리에서 올린 수익이 트위치 수익보다 훨씬 많다고 말했다.

소셜토큰을 공공의 목적을 위해 활용하기도 한다. $WAO토큰은 나오미Naomi와 마르Mar가 발행한 토큰이다. 이들은 아마존을 시작으로 브라질, 볼리비아, 페루 등을 여행하는 크리에이터다. 이들은 $WAO토큰 수익 일부를 현지 커뮤니티에 기부하는 방식으로 소셜토큰을 활용한다. 이들은 자신이 발행한 토큰을 통해 커뮤니티 이코노미를 구축하고 생계유지를 위한 수익 창출로도 사용한다.

소셜토큰은 크리에이터의 전유물이 아니다. 기업이나 브랜드도 팬 커뮤니티가 있다면 랠리를 통해 소셜토큰을 만들어 멤버십 포인트처럼 활용할 수 있다. 다만, 랠리의 NFT 플랫폼이 다른 NFT와는 다소 다른 목표를 가

졌기에 랠리에서 발행한 NFT는 다른 마켓플레이스에서 거래할 수 없다. 랠리에서만 거래가 가능하다.

크리에이터라면 자신의 팬과 커뮤니티를 위해 다양한 혜택을 제공하고 그들의 참여를 유도하기 위한 여러 시도를 해보기 마련이다. 하지만 그때마다 누가 참여해 누구에게 혜택을 부여해야 하는지 일일이 확인하기 어렵고 개인 정보를 받기도 쉽지 않다. 게다가 이런 활동이 크리에이터의 수익으로 이어지지 않기 때문에 활동을 오래 이어나가기 어렵다. 랠리는 그러한 크리에이터를 위한 플랫폼이다. 아직 토큰에 익숙하지 않은 크리에이터와 팬이 많기 때문에 더 많은 성공 사례를 보기에는 시간이 좀 더 필요하다.

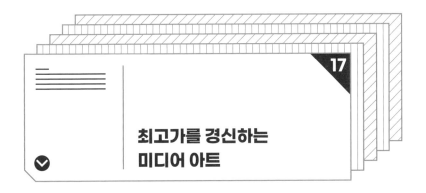

17

최고가를 경신하는
미디어 아트

가장 유명한 NFT 아티스트,
비플

이 책의 첫머리에 언급한 비플은 작품의 높은 판매 가격으로 전 세계의 관심을 받았다. 비플을 크립토 시장에 단순히 올라탄 운 좋은 아티스트로 보는 시각도 있다. 하지만 비플이 아무런 맥락 없이 시기가 좋아 성공했다고 보기는 어렵다. 물론 비플이 처음에 '매일 한 작품 완성' 활동을 시작했던 2007년 당시 비플을 아는 사람은 거의 없었다. 하지만 그의 성실함이 꾸준히 쌓이면서 예술 시장에 그의 이름이 점차 알려지기 시작했다. 그가 NFT를 접하기 전이었던 2020년 초, 그는 100만 명 이상의 팔로워를 보유하고 있었으며 그가 매일 완성한 작품은 100만 명 이상에게 노출됐다. 비플은 상업 작품 활동도 꾸준히 진행해왔다. VR·AR 작업은 물론 가수 저스틴 비버, 케이티 페리, 에미넴 등의 콘서트 비주얼 작업과 음반 앨범 아트 작업도 했다. 그의 기업 클라이언트는 애플, 삼성, 나이키, 스페이스X, 루이비통 등 다양하다. 비플은 업계에서 이미 알아주는 아티스트였다.

비플의 성과는 비플이 10년 넘게 이어온 노력의 결과다. 2020년 초 IT 전문 미디어《더 버지 The Verge》의 비플 인터뷰*를 보면 비플은 하루도 빠짐없이, 심지어 딸이 태어난 날에도 작품 활동을 했다. 여러 작품을 미리 만들어 인터넷에 매일 올린 것이 아니다. 매일 작업을 시작하고 완성하는 과정을 반복해왔다. 그는 "작품 활동을 마치 쓰레기를 버리거나 저녁을 먹는 것처럼 바라보면 장기적으로 지속 가능하다"라고 말했다. 매일 앉아서 엄청난 영감을 받고 예술 작품을 만드는 건 오히려 비현실적이다. 비플은 작품 활동을 자신의 일상생활 일부로 받아들였다. 마감 시간 직전에 좋은 아이디어가 떠오르듯이 스스로 매일 마감 시간을 정해 작업한 것이다. 비플은 2020년 가을 암호화폐 투자자들 사이에서 NFT가 인기를 얻고 있다는 사실을 알게 되고 곧 NFT 작품에도 도전했다. 2021년 크리스티 경매에서 〈매일: 첫 5000일〉이 판매되기 한 달 전, 비플은 NFT 마켓플레이스 '니프티 게이트웨이'에서 〈매일: 첫 5000일〉의 개별 작품 중 하나인 〈오션 프론트 OceanFront〉를 600만 달러(약 72억 원)에 판매했다.

그의 작품은 환경, 사회정치, 기술 권력을 풍자한다. 미키마우스가 이빨을 드러내면서 어린아이를 잡아먹으려는 모습을 그린 〈디즈니플러

~~~~~~~~~

• 〈Beeple on creating a zombie Mark Zuckerberg and flesh-eating Baby Yoda to examine the times〉 (The Verge, 2020.01.03)

스Disney+〉는 과연 디즈니가 어린아이에게 이로운지를 생각하게 하고, 낡은 TV와 컨테이너가 산처럼 쌓인 곳에 넷플릭스 컨테이너가 보이는 〈NETFLIX 2087〉은 마치 넷플릭스도 '바보상자'라 불리던 TV와 다를 것이 없다는 의미로 보인다.

700억 원이 넘는 비플의 NFT 작품 가치는 13년 넘게 이어진 그의 노력, 성실함과 그만의 시선으로 바라본 사회 풍자가 시너지를 낸 결과다. 비플은 지금까지(2022년 2월 20일 기준) 1,351개의 NFT아트를 판매했으며 총 판매 규모는 1억 7,200만 달러(약 2,072억 원)다. 평균 판매 가격은 12만 7,000 달러(약 1억 5,000만 원)다.

가장 비싸고 가장 앞서나가는 NFT 아티스트, 팩

NFT 아트 시장에서는 비플보다 유명한 아티스트가 있다. 비플에게 NFT를 소개한 아티스트, 팩이다. 그는 디지털 아티스트이자 암호화폐 투자자인 동시에 프로그래머다. 그의 구체적인 신상 정보는 알려지지 않았으며 무랏 팩Murat Pak이라고도 알려져 있다. 혼자가 아닌 팀이라는 설도 있다. 혼자서 감당하기 어려운 프로젝트를 끊임없이 진행하고 있기 때문이다. 팩은 블록체인의 스마트 계약과 NFT를 가장 잘 활용하는 아티스트다. 팩의 NFT 작품은 이미 만들어놓은 디지털 아트를 NFT로 발행한 작품과 다르다. 팩의 작품 중 2022년 2월 기준 가장 높은 가치에 판매된 작품은 〈머지Merge〉다. 머지는 2021년 12월 NFT 마켓플레이스인 '니프티 게이트웨이'에서 9,180만 달러(약 1,106억 원)에 판매됐다. 이는 생존한 아티스트의 단일 작품 중 역대 3위이며 NFT 작품 중에서는 최고가다.

이 작품을 배경 지식 없이 감상하면 1,000억 원이 넘는 가치를 알 수 없다. 검은 배경에 입체적인 원이 하나 있을 뿐이다. 이 작품은 작품 소유자가 어떻게 관리하느냐에 따라 작품 속 원의 크기가 변한다. 머지 NFT는 여러 에디션이 있다. 판매를 시작할 때는 에디션의 개수가 정해지지 않고 판매 시작 후 48시간 동안 구매자들이 원하는 만큼 판매됐다. 결국 2만 8,983명이 31만 2,686개를 구매했다.

머지 NFT는 독특한 구조로 만들어졌다. 우선 머지는 질량이나 덩어리를 의미하는 '매스mass'로 표현된다. 머지 NFT는 하나의 크립토 지갑 안에 여러 개가 존재할 수 없다. 단 하나만 존재할 수 있다. 만약 크립토 지갑에 머지 NFT 1개를 이미 보유하고 있는데 새로운 머지 NFT 1개를 추가로 구매하면, 2개의 머지 NFT는 합쳐져 하나의 머지 NFT가 된다. 대신 질량인 매스가 2로 변한다. 예를 들어, 내 크립토 지갑 안에 매스 100인 머지 NFT 1개가 들어 있는 상태에서 매스 20인 머지 NFT 1개를 추가로 구입했다. 그러면 최종적으로 내 크립토 지갑에는 매스 120인 머지 NFT 1개가 남는다.

크립토 지갑 안에 2개 이상의 머지 NFT가 있으면 머지 NFT 중 숫자가 큰 매스의 머지가 숫자가 작은 매스의 머지를 스마트 계약에 의해 흡수한다. 머지 NFT의 이러한 구조는 시간이 지날수록 머지 NFT의 유통량을 줄이는 원인이 된다. 머지 NFT가 쪼개지는 않고 총 발행량은 이미 정해졌기 때문에, 구매자가 다른 사람의 머지 NFT를 구매할수록 머지 NFT끼리 계속 병합돼 NFT 수는 줄어든다. 그래서 작품 이름이 '합병하다, 합쳐지다'라는 의미의 Merge(머지)인 것이다.

머지는 소각 기능도 있다. 머지 NFT를 소각하면 팩이 발행한 토큰인 $ASH를 받을 수 있다. $ASH는 탈중앙화거래소에서 거래할 수 있으며 이후 팩의 NFT 작품 구매에 남들보다 먼저 접근할 수 있는 권한이 생긴다. 팩을 발표할 때마다 혜택은 조금씩 달라진다. 이렇게 머지 NFT의 구조는 지금까지 발행됐던 NFT 아트와는 다르다. NFT를 가장 잘 활용한 작품이기에 역대 NFT 작품 중 가장 높은 가치를 인정받았다.

팩이 블록체인으로 게임 요소를 추가한 NFT 작품은 '머지'뿐만이 아니다. '로스트 포엣츠'에서도 블록체인을 활용해 소유자에게 즐길 거리를 제공했다.

첫 판매였던 '액트1 Act1' 단계는 6만 5,536개의 NFT 컬렉션이었다. 컬렉션이기 때문에 PFP NFT처럼 여겨질 수 있지만, 판매 당시 팩은 '로스트 포엣츠'가 다른 PFP 프로젝트처럼 무작위로 이미지를 조합하는 프로젝트가 아니며 이후 희귀한 특성을 얻을 수 있다고 트윗을 통해 말했다. NFT를 판매했지만 그 NFT는 아직 완성된 것이 아니다. 구매자들이 산 건 아무것도 그려지거나 쓰이지 않은 빈 종이 이미지의 '페이지' NFT다.

이후 액트2 단계에서는 '포엣Poet'이 등장한다. 포엣은 시인의 얼굴이 담긴 NFT다. 1,024개의 '오리진 포엣Origin Poet'을 기반으로 총 6만 5,536개의 포엣이 만들어진다.

여기서 페이지 NFT 소유자에게 2가지 선택지가 있다. 하나는 소유하고 있던 페이지 NFT를 포엣 NFT로 전환하는 것이고, 하나는 페이지 NFT로 유지하는 것이다. 포엣 NFT로 전환하면 기존에 가지고 있던 페이지 NFT는 없어진다.

페이지를 포엣으로 바꾸지 않은 경우 액트3 단계에서 페이지에 시를 작성하거나 포엣의 이름을 지어줄 수 있다. 향후 페이지 NFT와 포엣 NFT 중 어떤 것이 더 높은 가치를 인정받을지 아무도 모르기 때문에 페이지 NFT 소유자는 쉽게 결정을 내리지 못했다. 커뮤니티 안에서는 이를 두고 열띤 토론이 이어졌다.

오리진 포엣은 페이지 NFT를 가장 많이 소유하고 있는 100명에게 나눠 줬다. 현재는 오리진 포엣이 높은 가치를 인정받을 것이라고 여겨지나 이 역시 앞으로 프로젝트가 어떻게 진행되는지에 따라 달라져서 아무도 모르는 일이다.

이 프로젝트는 액트4, 에필로그까지 있다. 2022년 2월 액트3까지 진행됐다. 로스트 포엣츠 프로젝트로부터 NFT를 구매한 소유자도 아직 자신이 가진 NFT가 최종적으로 어떤 모습일지 모른다. 팩은 로스트 포엣츠에 참여한 NFT 소유자에게 수수께끼 같은 힌트를 주면서 기대감을 불어넣고 사람들은 이 게임에 계속 몰입한다.

팩의 NFT 프로젝트는 NFT 소유자와 함께 만들어나가는 것이 특징이다. 크립토 시장의 팬이 그에게 더욱 열광하는 이유다. 또 팩의 작품에는 이스터에그가 포함된 경우가 많아 팬은 이를 찾기 위해 팩의 작품을 끊임없이 분석한다.

팩은 NFT에 발을 들이기 이전에 2014년 AI 큐레이션 플랫폼 '아크릴렉트Archillect'를 만들기도 했다. 아크릴렉트는 사람들이 많이 공유한 콘텐츠 일수록 더 많이 공유될 수 있도록 큐레이션하는 인터넷 봇이다. 아크릴렉트의 트위터 팔로어는 280만 명이 넘는다.

프로그램 개발 능력과 암호화폐에 관한 전문 지식의 시너지 덕분에 팩은 블록체인과 NFT를 가장 잘 활용하는 디지털 아티스트로 꼽히고 있다. 팩의 행보를 계속 따라가며 분석하면 NFT 트렌드를 다른 사람보다 빠르게 파악할 수 있다.

크립토아트 오리지널 갱스터,
XCOPY

—

2020년대 이전부터 NFT 아트 시장에 일찍 뛰어든 크립토 OG Original Gangster (오리지널 갱스터, 크립토 시장에 일찍 뛰어든 사람들을 의미) 아티스트가 있다. XCOPY다. XCOPY는 2018년부터 NFT 마켓플레이스 슈퍼레어에서 NFT 작품을 발행했고, 이어 니프티 게이트웨이에서도 성공적으로 NFT 작품을 판매했다. XCOPY는 NFT 아트 커뮤니티의 선구자 역할을 하는 동시에 암호화폐 커뮤니티 내에서 존경받는 인물이다. 그는 슈퍼레어에 올린 140개의 NFT 작품을 포함해 750개 이상의 작품을 발표했다.

　XCOPY는 런던에서 활동한다는 것 외에 개인 신상에 관해 거의 알려지지 않았다. 그가 처음 아트 시장에 등장한 건 2010년으로, 해외 소셜미디어 플랫폼인 '텀블러'에 실험적인 작품들을 올리기 시작했다.

　XCOPY가 크립토 시장에 처음 참여한 건 2017년 말이다. XCOPY는 슈퍼레어에서 진행한 인터뷰에서 비트코인에 투자하면서 크립토 시장에 관심을 두기 시작했다고 설명했다. 이후 그는 작가가 수익을 올릴 수 있는 플랫폼인 '어스크라이브 Ascribe.io'를 발견했고, 여기서 만든 작품을 트위터를 통해서 판매하면서 크립토아트 시장에서 활동하기 시작했다. 또

XCOPY는 이더리움이 등장하기 전 '디지털 오브젝트Digital Objects'나 '레어 아트 랩스RARE Art Labs' 등을 통해서 작품을 제작했다.

2017년에는 비트코인을 비롯한 많은 암호화폐가 주목받았지만 NFT는 대중의 관심을 받지 못했다. 그런데도 XCOPY는 디지털 작품을 진정한 형태로 판매할 수 있는 최초이자 유일한 방법이 블록체인이라고 역설했다. NFT가 등장하기 이전부터 XCOPY는 블록체인 기술의 본질과 미래 가능성을 꿰뚫어본 것이다.

XCOPY의 작품은 대부분 GIF 형태로 제작되며 합성 이미지를 덧입힌다. 색상은 붉은색과 검은색을 주로 이용하며 거친 드로잉과 최소화한 애니메이션의 조합이 특징이다. XCOPY의 작품에는 주로 괴물 같은 마스크와 휘갈겨 그린 사람 얼굴, 해골 등이 등장하며 처음 XCOPY 작품을 접한 사람은 기괴하다고 느낄 수 있다. 그는 우리의 존재가 얼마나 연약하고 덧없는지를 작품으로 표현했다. 일찍 NFT 작품 활동을 한 덕분에 XCOPY의 작품은 높은 가격에 거래된다. 그의 열네 번째 NFT 작품인 '데스 딥Death Dip'은 2021년 3월 슈퍼레어 세컨더리 마켓에서 1,000이더(약 170만 달러)에 판매됐으며 XCOPY는 로열티로 100이더의 수익을 낼 수 있었다. 그리고 같은 해 11월에는 '어 코인 포 더 페리맨A Coin For the Ferryman' NFT 작품이 1,330이더(약 600만 달러)에 2차 거래 시장에서 판매됐다. 이 작품은 2018년 @0xclipse가 XCOPY로부터 0.5이더(약 139달러)에 직접 구매한 작품이다.

2022년 1월 다시 한 번 XCOPY의 작품이 그의 작품 중 최고가 기록을 경신했다. 2018년 11월 작품인 '올 타임 하이 인 더 시티All Time High in the City'가 1,630이더(약 610달러)에 거래된 것이다. 이 작품은 해골 모습을 한 사공이 한 남성을 지옥으로 데려가는 장면을 묘사한다.

XCOPY가 크립토 아트, NFT 아트 시장에서 높은 평가를 받는 건 그의 독창적인 예술 세계는 물론, 그가 NFT와 아트가 연결됐을 때의 시너지를 일찌감치 알아본 덕분이다. 그는 사람들이 NFT 아트에 관심을 두지 않을 때 먼저 시작하고 이미 수많은 작품을 남겼다. 그의 다양한 실험은 NFT 아트가 새로운 방향으로 진화하는 씨앗이 되고 있다.

컴퓨터 알고리즘으로 아트를 표현한다,
타일러 홉스

—

미국의 비주얼 아티스트 타일러 홉스Tyler Hobbs의 작품은 우리가 일반적으로 봐왔던 아티스트의 작품과 다르다. 보통 디지털 아티스트는 사용하는 툴이 디지털이며 디지털로 결과물을 출력하지만, 안에 담긴 이미지와 그림은 대부분 직접 작업한다. 하지만 타일러는 컴퓨터 알고리즘으로 작품을 만들어낸다. 이 알고리즘을 타일러가 직접 개발하고 프로그래밍을 한다. 즉 타일러는 아티스트이자 프로그래머이기도 하다. 이러한 아트가 생소할 수 있지만 과거부터 존재하던 기법인 제너러티브Generative 아트다. 타일러 홉스는 주로 알고리즘, 플로터(데이터를 도면화하는 출력 장치), 페인트 등을 사용해 작업한다. 타일러의 작품은 컴퓨터 하드웨어와 소프트웨어로 표현하는 방법, 컴퓨터와 우리 주변 실제 세계의 상호 작용 등 컴퓨터를 사용한 미학에 초점을 둔다. 타일러는 시각적 이미지를 생성하는 맞춤형 알고리즘을 코딩한다. 그의 작품은 컴퓨터의 딱딱하고 차가운 구조와 혼란스럽지만 유기적인 우리의 실제 세계 사이에서 균형을 이룬다.

제너러티브 아트의 핵심은 코딩을 통해 얼마나 창의적으로 표현하느냐에 달렸다. 타일러는 작품을 만드는 과정을 자신의 홈페이지에 공개했다. 첫 번째 단계가 아이디어를 내는 과정이다. 간단한 아이디어에서 새로운 작업을 시작한다. 아이디어는 매우 다양한 곳에서 나오기 때문에 매번 시작점은 달라진다. 아이디어를 명확하게 떠올리거나 더 나은 영감을 받기 위해 스케치북에 아이디어를 그릴 때도 있다.

다음은 프로그래밍이다. 대부분의 아티스트가 포토샵 등의 툴을 사용하는 반면 타일러는 프로그래머와 같이 알고리즘 코드를 작성한다. 한 번에 전체 프로그램을 작성하지 않고 간단한 프로그램을 만들어 실행해서 어떠한 그림이 나오는지 확인하고 이를 수정한다. 이 작업을 반복하면서 그림이 어떻게 변화하는지를 확인한다. 작품이 완성되기 전까지 이러한 반복 작업을 100~200번 정도 진행하는 건 기본이다.

코드가 완성되고 알고리즘이 작품을 출력하면 이 중에서 원하는 작품을 선별한다. 그리고 마지막으로 디지털 작품을 실물로 만들기 위해 출력하거나 플로터를 이용한다.

가장 주목받은 타일러의 작품은 '피덴자Fidenza'다. 이 작품은 하나의 작품을 의미하는 것이 아니라 생성 알고리즘을 가리킨다. 피덴자 알고리즘을 기반으로 다채로운 작품들이 만들어졌다. 피덴자 알고리즘은 예측할 수 없는 유기적인 곡선을 다수 만든다. 이 곡선들은 서로 겹치지 않고 미적인 속성을 갖는다. 곡선이 짧은 작품도 있고 긴 작품도 있다. 또 곡선 모양이 굵은 사각형인 작품도 있고 얇고 긴 형태도 있다. 곡선의 색상도 검은색인 작품도 있고 여러 색상이 함께 표현된 작품도 있다.

제너러티브 아트는 예전에도 있었던 형식이지만 NFT의 등장으로 최근 다시 주목받고 있다. NFT가 제네러티브 아트를 포함한 디지털 아트의 전반적인 분위기를 바꿨기 때문이다. NFT 덕분에 디지털 아트도 희소성과 가치를 인정받을 수 있게 된 것이다.

타일러의 NFT 작품 총 판매 규모가 전체 NFT 아티스트 중 3위인 것만 봐도 제네러티브 아트의 인기를 알 수 있다. 2022년 2월 27일 기준으로 그의 작품은 1,009개가 판매됐으며 총 1억 300만 달러(1,241억 원)다. 가장 높은 가격에 판매된 작품은 〈불완전한 제어 Incomplete Control〉로 18만 달러(약 2억 원)이며 타일러 NFT 작품의 평균 판매 가격은 10만 달러다.

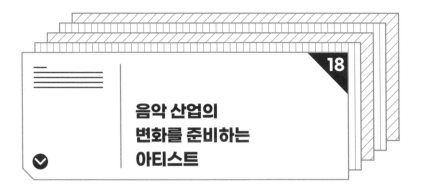

18

음악 산업의
변화를 준비하는
아티스트

NFT가 음악 산업을 바꾸리라 믿는,
3LAU

NFT 음악 산업에서 3LAU를 빼놓고는 이야기할 수 없다. 미국의 유명 뮤지션이자 일렉트로닉 댄스 뮤직 DJ인 3LAU는 NFT 음악에 가장 먼저 발을 들인 뮤지션 중 한 명이며 2021년 2월 NFT 음악 앨범을 성공적으로 발행했다. 또 뮤지션과 팬의 거리를 좁히기 위한 플랫폼 '로열Royal'을 출시해 운영 중이다. 로열은 뮤지션이 자신의 음원 저작권 중 일부를 팬에게 NFT 형태로 판매하는 플랫폼이다.

3LAU의 음악은 스포티파이, 사운드클라우드, 유튜브 등 스트리밍 플랫폼에서 누적 10억 회 이상 재생됐을 정도로 세계적으로 인기다. 3LAU는

대학에서 금융을 전공하고 글로벌 자산운용사 블랙록의 자산 매니저로 채용 제안을 받았지만 뮤지션이 되기 위해 거절했다. 대학 사교 모임 파티에서 시작한 그의 음악 활동은 대중으로부터 인기를 얻으며 빠르게 성장했다.

3LAU를 암호화폐 시장으로 이끈 건 암호화폐 거래소 '제미니Gemini'를 운영하는 윙클보스Winklevoss 형제다. 3LAU는 2014년 뉴욕에서 윙클보스 형제를 만난 후 비트코인을 알게 됐다. 그리고 3LAU는 비트코인 백서를 읽고 분산원장, 제3자의 승인이 필요 없는 전송, 금융 기관을 배제한 금융 등 블록체인 시스템에 관심을 두기 시작했다. 3LAU는 현재 우리가 사는 세상이 완전히 효율적이지는 않다고 느꼈고 블록체인이 이를 바꿀 수 있다고 생각했다.

2017년 암호화폐 열풍이 불었을 때 3LAU는 블록체인 기반 음악 축제인 '아워 뮤직 페스티벌Our Music Festival'을 선보였다. 페스티벌 운영에 블록체인 기술을 적용해 팬들이 뮤지션 라인업 선정에 직접 참여하고, 페스티벌에 참석한 사람은 다음 페스티벌에서도 혜택을 받을 수 있도록 운영했다. 하지만 암호화폐 규제로 3LAU는 이 페스티벌을 지속할 수 없었다. 여기에 더해 2020년 이후 코로나로 인해 사람들의 이동과 여행이 줄면서 뮤지션이 공연할 기회가 적어지자 3LAU는 뮤지션의 안정적인 수익 구조와 뮤지션과 팬의 관계를 고민했다. 3LAU는 NFT가 뮤지션에게 직접적인 수익을 가져다줄 수단이 될 것으로 봤고, 음악 NFT 앨범 발매 실험을 시작했다.

2021년 1월 3LAU는 그의 첫 정규 곡을 NFT로 발행해 니프티 게이트웨이에서 17만 5,000달러(약 2억 원)에 판매했다. 그리고 그다음 달인 2월에 블록체인 네트워크인 '오리진 프로토콜'과 제휴해 그의 정규앨범 '울트라바이올렛Ultraviolet'의 발매 3주년 기념 NFT를 33개 발행해 경매했다. 경매는 이틀간 진행됐으며 최종 낙찰액 총 1,170만 달러(약 141억 원), 최고가액 NFT는 360만 달러(약 43억 원)였다.

33개의 울트라바이올렛 NFT는 플래티넘, 골드, 실버 등급으로 나뉘어 등급에 따라 보상이 다르다. 가장 낮은 등급인 실버 NFT를 구매한 사람은 3LAU가 직접 서명한 울트라바이올렛의 실물 레코드판을 받았다. 골드는 실버 등급의 리워드와 함께 3LAU의 비공개 음원에 접근할 수 있는 권한, 상위 1위 입찰자인 플래티넘은 골드 등급의 리워드에 3LAU와 함께 음악 작업을 할 수 있는 기회가 주어진다. 3LAU의 팬이라면 많은 돈을 주고서라 도 하고 싶은 경험이다. 3LAU는 NFT에 실물 음반, 디지털 음원, 팬과 함께 할 수 있는 경험을 담은 것이다.

울트라바이올렛 NFT 이후 3LAU의 NFT 발행 소식은 없지만 그는 로열 플랫폼을 운영하고 'NFT 문페스트Moonfest 2022'에 주요 뮤지션으로 참여 하는 등 NFT 관련 행보는 지속하고 있다. 3ALU는 NFT를 자신의 음악 활 동에 활용할 뿐 아니라 음악 산업을 바꿀 게임체인저로 보고 있다.

3LAU는 크립토 전문 매체《디크립트Decrypt》와의 인터뷰에서 다음과 같 이 말하며 블록체인이 음악 산업에서 중요한 이유를 설명했다. "나는 그동 안 수백만 장의 티켓을 팔고 내 음악은 수억 번 스트리밍됐는데, 나는 누가 내 공연 티켓을 사고 누가 내 음악을 들었는지 모른다. 블록체인은 내 팬이 누구인지 알 수 있을 뿐 아니라 팬이 참여할 수 있는 방법을 제공한다."•

• 〈DJ 3LAU Raises $16M for NFT-based Music Platform Royal〉(Decrypt, 2021.08.26)

6,400개의 버전으로 만들어지는 음악,
HMLTD

—

NFT로 인해 기존에는 없던 새로운 방식의 아트가 등장하고 있다. 그중 하나가 에이싱크 아트 Async Art, 에이싱크 뮤직 Async music이다. 에이싱크 아트는 여러 레이어를 겹쳐 하나의 완성품을 만드는 방식이다. 레이어마다 다양한 버전으로 아티스트가 제작해 판매하고 구매자는 레이어를 원하는 방식으로 조합해 작품을 완성할 수 있다. 레이어는 아티스트가 제작한 대로 고정될 수도 있고 시간이나 환경 등에 따라 달라지게 만들 수도 있다.

에이싱크 뮤직도 마찬가지다. 하나의 음악이 드럼, 신시사이저, 기타, 베이스, 보컬로 구성됐다면 드럼, 신시사이저, 기타, 베이스, 보컬이 각각의 레이어가 되고 레이어는 다양한 버전으로 만들 수 있다.

영국 5인조 밴드 HMLTD는 2021년 4월 에이싱크 뮤직 '리빙 Leaving'을 '에이싱크 아트' 플랫폼을 통해 발표했다. 남녀의 삼각관계를 표현한 곡이다. 이 곡은 듣는 사람에 따라 떠나가거나, 남겨지거나, 남겨둔 사랑을 다르게 느낄 수 있도록 만들었다. 다양한 느낌과 시각을 선사한 것이다.

이 음악은 HMLTD가 기본 음악 트랙을 만들고, 보컬, 리드, 코러스, 베이스, 드럼, FX 레이어별로 여러 버전으로 만들어 듣는 사람이 원하는 대로 조합해서 들을 수 있다. 이를 두고 미디어에서는 '진화하는 노래'라고 표현했다.

보컬과 코러스 레이어는 각각 5가지 버전, 그리고 리드, 베이스, 드럼, FX 레이어는 각각 4가지 버전이 있어 총 6,400종류의 다른 곡이 펼쳐질 수 있다. 사용자는 레이어별로 원하는 버전의 NFT를 구매해 조합하고 완성한 곡을 녹음할 수 있다. 이렇게 완성된 곡이 마음에 든다면 그 곡 또한 NFT로 발행할 수 있다.

HMLTD는 NFT 음악을 수집과 투자 수단을 넘어 듣는 사람이 직접 곡을 완성하는 경험과 기회로 만들었다. HMLTD의 드러머 아킬레아스 사란타리스Achilleas Sarantaris는 영국의 음악 매거진《NME》와의 인터뷰*에서 이렇게 말했다. "'우리가 이미 가진 걸 독특하게 만들자'라는 것은 약간 눈속임으로 느껴져서 마음에 들지 않았다. 아예 음악을 듣는 사람이 실제 창작에 참여할 수 있는 음악이라면 좋을 것 같다고 생각했다. NFT를 통해 예술 작품을 소비하는 것이 아니라 작품을 만드는 것이다."

음악을 듣는 사람이 원하는 스타일의 음악을 완성할 수 있는 다양한 레이어를 제공하기 위해서는 일반 곡 작업보다 더 많은 시간과 노력이 필요했다. HMLTD는 '리빙' 한 곡을 위해 최소 300~400개의 파트를 작업했으며 장르도 피아노 발라드부터 신시사이저 팝송, 덥스탭 리믹스(1990년대 말 영국에서 발달한 전자 댄스음악), 80년대 포스트펑크 등으로 완성할 수 있도록 작곡했다.

HMLTD가 기본 색상만 제공하면 참여자가 다양하게 색칠해 완전히 다른 것을 만들 수 있는 셈이다. HMLTD가 들어보지 못한 버전이 나올 수도 있다. 조합한 완성곡의 NFT는 또다시 2차 거래 시장에서 팔 수 있는 구조다. 아직은 에이싱크 뮤직이 수집이나 투자를 위한 NFT 아트, NFT 음악보다는 낯설지만 NFT에서는 끊임없는 실험이 이어지고 있다.

~~~~~~~

• 〈HMLTD on 'Leaving' – the first "ever-evolving song" with layers to be sold as NFTs〉 (NME, 2021.04.06)

록밴드가 대중에게 다가서는 법,
킹스 오브 리온

—

미국의 록 밴드 킹스 오브 리온Kings of Leon은 2021년 3월 밴드 중에서는 처음으로 NFT 음반을 냈다. 킹스 오브 리온의 여덟 번째 앨범 '웬 유 시 유어셀프When You See Yourself'를 발매했는데 이를 '유어셀프Yourself'라는 이름의 NFT로도 발행했다.

대부분 발행자는 NFT 아트나 음악을 경매에 부쳐 높은 가격에 판매하거나 고정된 가격으로 발행한다. 킹스 오브 리온은 2가지 방법을 동시에 적용했다. 킹스 오브 리온의 NFT를 50달러에 구매하면 디지털 음원 다운로드 권한과 실물 레코드판, 특별 디지털 아트를 받을 수 있다. 이는 킹스 오브 리온이 음악 NFT는 희소성을 강조해서 한정된 사람만 듣기보다는 많은 사람이 들을수록 더 가치 있다고 여겼기 때문이다. NFT를 음원 유통의 한 방식으로 본 것이다.

동시에 킹스 오브 리온은 NFT의 희소성에도 주목했다. 특별한 혜택을 부여한 '골든 티켓' NFT도 함께 발행한 것이다. 골든 티켓 NFT 판매는 경매로 진행했다. NFT 소유자는 킹스 오브 리온이 공연 투어를 할 때마다 원하는 콘서트를 선택해 첫 번째 줄 좌석표 4장을 받을 수 있다. 총 18개의 골든티켓 NFT를 발행했으며 'NFT 유어셀프'를 판매할 때는 이 중 6개만 판매했다.

킹스 오브 리온은 이번 'NFT 유어셀프' 판매를 2주만 진행했으며 총 200만 달러(약 24억 원)를 벌어들였다. 2주 안에 판매되지 않고 남은 NFT는 소각되어 영원히 사라졌다.

그동안 음악은 다른 예술보다 희소성이 낮았다. 누구나 저렴하고 쉽게 들을 수 있는 문화였다. 음악에 NFT가 적용된 후, NFT 아트처럼 희소성 있는 음악 관련 NFT가 높은 가격에 판매되는 현상을 어렵지 않게 볼 수 있다. 킹스 오브 리온처럼 음원은 높지 않은 가격에 NFT로 판매하고, 특별한 혜택을 부여한 NFT를 높은 가격에 판매하는 구조도 앞으로 많이 볼 수 있을 것으로 예상된다.

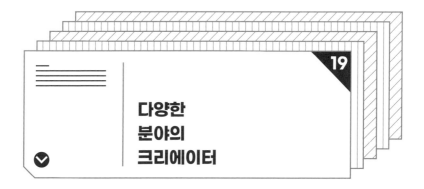

19

다양한
분야의
크리에이터

크립토와 NFT로 인생이 바뀐,
피플플리저

NFT는 크리에이터의 인생을 바꾸기도 한다. 3D 아티스트 피플플리저Pplpleasr의 사례다. 2020년 초 피플플리저는 코로나 팬데믹으로 일자리를 구하지 못해 집세를 걱정하고 있었다. 하지만 2022년 피플플리저는 NFT로 돈을 벌고 NFT 시장에 영향력을 미치는 인플루언서로 자리 잡았다. 그는 미국 경제 전문 미디어《포춘》이 선정한 NFT 시장에 가장 큰 영향을 미치는 50인 안에 들었다.

피플플리저가 처음 크립토 시장에 발을 들인 건 돈을 벌기 위해서였다. 코로나 팬데믹으로 인해 새로운 일자리를 구하기는 쉽지 않았고 당시 친구를 통해 디파이와 NFT를 알게 됐다. 피플플리저는 여기서 기회를 발견했다. 암호화폐 시장은 커뮤니티와 밈을 둘러싼 문화와 유머가 있는 곳이지만, NFT를 홍보하기 위한 창의적인 인재가 부족하다고 느꼈다. 그리고 본인이 그것을 잘할 수 있을 것이라고 생각했다.

피플플리저는 디파이의 흐름을 정의하고 이해를 돕는 영상을 만들면서 시장에서 입소문이 나기 시작했다. 그리고 2021년 1월 피플플리저는 탈중앙화 거래소 '유니스왑Uniswap'으로부터 유니스왑 버전3v3를 위한 홍보 영상을 제작해달라는 요청을 받고, 'x*y=k'이라는 제목의 영상을 만들었다. 유니스왑은 중앙화된 개입 없이 사용자들이 암호화폐를 교환할 수 있는 서비스를 제공하고 있는데, 암호화폐 교환을 위한 유동성 풀의 균형을 맞추기 위해 사용되는 알고리즘이 'x*y=k'다. 피플플리저는 이를 유니스왑 홍보 영상에 반영한 것이다. 그리고 이 영상을 NFT로 발행했다. 피플플리저의 NFT 영상은 디파이를 잘 나타낸 상징적인 NFT로 평가받으며 주목받았다.

피플플리저의 팬은 'x*y=k' NFT 경매에 참여하기 위해 탈중앙화 자율조직 '플리저 다오PleasrDAO'를 결성했다. 이 NFT는 310이더(약 52만 달러)에 플리저 다오가 낙찰받았다. 피플플리저는 이 수익금을 '스탠드 위드 아시안Stand with Asians' 단체에 기부했다. 그리고 플리저 다오는 이후 인터넷 문화나 역사적 의미가 있는 NFT를 수집하고 있다. 현재 피플플리저는 플리저 다오의 '정신적 지주spiritual godmother' 역할을 하고 있다. 피플플리저는 자신의 인생을 바꾼 디파이와 NFT 수익은 활발하게 움직이는 크립토 커뮤니티 덕분이라고 했다. 그가 유니스왑의 영상을 만들기 전 그의 실력은 트위터에서 입소문이 나기 시작했고, 그의 유니스왑 NFT 영상도 그의 팬들로 구성된 커뮤니티인 플리저 다오에 판매됐기 때문이다. 그는 전통 미디어가 아닌 새로운 커뮤니티를 통해 이름을 알릴 수 있었다.

이에 피플플리저는 디파이와 NFT 시장에 긍정적인 영향을 전파해야 한다는 일종의 책임감을 느끼고 다양한 활동을 본격적으로 시작했다. 그의 대표적인 활동 중 하나는 《포춘》의 표지 제작이다. 그가 제작한 《포춘》 표지는 NFT 커뮤니티를 표현한 것으로 NFT 커뮤니티의 다채롭고 역동적인 모습을 생생하게 담았다. 동시에 NFT 커뮤니티 뒷배경으로는 어두운 월스트리트의 이미지를 나타내 NFT 시장의 활력과 전통 금융 시장의 경직된 분위기를 대조했다.

피플플리저는 이더리움 관련 다큐멘터리 크라우드 펀딩에도 참여하고, 의미 있는 디파이나 NFT 프로젝트를 지원하고 있다. 2021년 9월 피플플리저는 DJ 스티브 아오키Steve Aoki와 파트너십을 맺고 NFT 작품 '세렌디피티Serendipity'를 제작해 소더비에서 판매했다. 이 작품은 30초 길이의 짧은 영상이다. 이 작품은 13만 달러(약 1억 6,000만 원)에 낙찰됐으며 경매 수익금 중 일부는 여성 NFT 아티스트를 지원하는 데 사용됐다.

피플플리저처럼 NFT와 크립토는 크리에이터에게 많은 영감을 주고 그들의 삶에도 변화를 준다. 또 크립토 시장에 관한 그의 아이디어와 예술성이 커뮤니티를 중심으로 자연스럽게 확산되면서 팬들이 생겨나 실질적인 조직으로 등장하기도 했다.

피플플리저는 NFT 업계에서 크리에이터가 어떻게 자신의 작품을 알리고 팬을 모으고 그 이후의 행보를 이어가는지, 전통적인 아티스트에서 벗어난 NFT 크리에이터의 모습을 가장 잘 보여준다.

NFT로 미디어 후원 모델을 실험한다,
더트

크리에이터가 NFT를 활용해서 수익을 내는 방법으로 가장 많이 떠올리는 방식은 NFT 창작물을 만들고 판매하는 것이다. 하지만 이러한 방식은 높은 가치가 있는 예술 창작품에만 해당한다. 모든 크리에이터가 그러한 예술 작품을 만드는 건 아니다. 유튜브에 소소한 일상을 올리는 크리에이터도 있고 많은 사람이 공감할 수 있는 웹툰을 그리거나 에세이를 쓰는 크리에이터도 있다. 이들은 자신의 창작물을 NFT로 발행하고 판매해도 높은 가격으로 팔리는 경우가 드물다.

크리에이터는 NFT를 반드시 '창작물 판매'를 위해서만 활용해야 할까? 그렇지 않다. NFT로 후원 모델을 만들 수 있다. 엔터테인먼트 분야 뉴스레터 '더트Dirt'는 퍼블리싱 플랫폼 '미러'에서 NFT를 판매하는 방식으로 후원을 받았다.

더트는 카일 차이카Kyle Chayka와 데이지 알리토Daisy Alito 두 저널리스트가 2020년 설립한 엔터테인먼트 일일 뉴스레터 서비스다. 더트는 2021년 5월 자사의 마스코트 '더티Dirty'를 3가지 버전의 NFT로 만들어 판매해 3만 달러를 조달하는 데 성공했다.

더트는 더티 NFT의 성공적인 판매에 이어 2021년 10월에는 '더티 S1 홀로Holo' NFT 에디션을 발행했다. 기존에 더티 NFT 소유자에게는 무료로 나눠줬으며, 신규 후원자를 위해 미러에서 0.3이더에 판매했다. 신규 NFT를 기존 후원자에게 무료 배포해 더트를 처음부터 후원한 사람에게 조금 더 혜택을 부여한 것이다. 더트는 또 다른 NFT 에디션을 출시해서 추가 자금을 조달할 예정이다. NFT 소유자에겐 더티 NFT와 소셜토큰을 나눠줬으며, 더트의 궁극적인 목적은 NFT 소유자를 중심으로 한 탈중앙화된 자율 조직인 더트 다오DirtDAO를 만드는 것이다. NFT로 조달한 자금을 어떻게 사용하는지 다오에 정보를 제공할 예정이다. 향후 더트는 다오를 중심으로 운영되며, 어떤 분야를 콘텐츠로 다룰지 어떤 스토리에 집중할지 등을 다오에서 결정하게 된다. 더티는 2021년 12월 기준으로 NFT의 2차 거래까지 합쳐 6만 5,000달러를 조달했으며 구독자는 6,000명 이상으로 늘어났다.

블록체인을 활용한 후원 기반의 미디어는 더트가 처음은 아니다. 2017년 '시빌Civil'은 블록체인을 기반으로 한 미디어로, 독자들이 저널리스트를 직접 지원하고 저널리스트가 자신의 출판물을 제작할 수 있도록 돕는 미디어였다. 이를 위해 시빌은 자체 토큰 판매로 자금 조달을 시도했지만 한 차례 실패하고 두 번째 시도는 성공했다. 하지만 시빌은 토큰에 새로운 가치를 결국 부여하지 못하고 수요를 제대로 파악하지 못하면서 자금난에 시달려 문을 닫았다.

더트도 NFT 소유자가 더트를 직접 후원한다는 측면에서 시빌과 유사해 보인다. 하지만 더트를 후원하는 더티 NFT 소유자는 시빌의 후원자보다 더트 운영에 참여할 여지가 더 많다. 더트는 뉴스레터 서비스에만 그치지 않고 장편 스토리를 구상하고 있는데, NFT 소유자는 투표를 통해 이 스토리 구성에 참여할 수 있다. 더티 NFT를 보면 누가 더트를 후원하고 있는지 알 수 있어서 더트는 후원자에 관해서 알기 수월하다.

더트는 현재 콘텐츠 자체에는 블록체인을 적용하지 않는다. 그동안 블록체인 기반 미디어는 작성한 글을 블록체인에 기록했다. 이후에 수정되기 어렵게 만들어 검열과 조작을 피하겠다는 목적이었다. 하지만 수정이 어렵다는 사실 때문에 오히려 글을 쓰기가 부담스럽고 기능이 제한적이어서 성공한 사례가 없었다. 더트는 콘텐츠를 기존 미디어처럼 활용하되 자금 조달을 비롯한 운영 방식에 투명성을 높이기 위해 블록체인인 NFT를 적용한 것이다. 더트는 NFT와 소셜토큰을 통한 크라우드 펀드로 자금을 조달하고, 탈중앙화 조직을 통해 운영되는 미디어를 목표로 한다.

더티 NFT 소유자는 약 130명으로 아주 많은 편은 아니다. 이 숫자로 더트의 사업 모델이 지속된다면, 100명의 팬만 있어도 서비스가 지속 가능하다는 걸 보여줄 수 있는 셈이다. 글로벌 미디어《와이어드Wired》의 케빈 켈리가 "성공은 복잡할 필요 없다. 1,000명의 사람을 지극히 행복하게 만들어주는 것에 시작하면 된다"라고 말한 이래로 '1,000명의 진정한 팬'이라는 말이 유행처럼 번져 나갔다. 하지만 NFT 등장으로 크리에이터와 팬이 직접 연결되면 '1,000명의 팬'이 아닌 '100명의 팬'으로도 크리에이터의 활동이 지속 가능할 것이다.

카일 차이카의 인터뷰를 보면 더트가 생각하는 NFT 모델을 간접적으로 알 수 있다.

"BAYC와 같이 대규모의 프로젝트로 운영할 때는 지속적인 확장이 필요하다. 우리는 확장의 길을 가고 싶지 않다. 우리에게 이상적인 후원자는 장기적으로 더트에 참여하고 토큰을 사용하며 우리가 어떤 방식을 선택하든 우리 스스로 자금을 조달할 수 있도록 돕는 후원자라고 생각한다."•

~~~~~~~~

• ⟨What works (and doesn't) in an NFT-backed newsletter⟩ (TheVerge, 2022.01.13)

메타버스 건축가,
복셀 아키텍츠

—

코딩을 할 줄 몰라도 메타버스 안에 나만의 갤러리, 나만의 빌딩, 나만의 공간을 꾸밀 수 있다. 이론적으로는 그렇다. 하지만 무언가를 만드는 일은 여전히 어렵다. 그리고 많은 시간과 노력이 들어간다. 그래서 향후 메타버스가 대중화되면 메타버스 안에 공간을 구축해주거나 원하는 아이템을 만들어주는 직업이 생길 것이라는 전망이 많이 나온다. NFT가 적용된 메타버스에서도 마찬가지다. NFT는 실제 가치를 부여하고 수익화할 수 있기 때문에 더욱더 전문가의 손길이 필요하다.

복셀 아키텍츠는 더샌드박스와 디센트럴랜드, 크립토복셀 등 메타버스 내에 건축물을 만들어준다. 이들은 자동차 디자이너와 건축가가 뭉친 팀이다. 복셀 아키텍츠는 게이머가 게임을 직접 만들어나갈 수 있는 게임 '마인크래프트'의 게임 시스템 디지털 개발사로 시작했다가 2020년 크립토복셀로 전환하고 이후 더샌드박스와 디센트럴랜드로도 확장했다. 2년 만에 직원이 21명이 될 만큼 빠르게 성장했다.

복셀 아키텍츠는 한 달간 약 4개의 프로젝트를 진행한다. 한 프로젝트를 완성하는 데 평균 6~8주가 걸린다. 쇼핑몰과 같은 대규모 프로젝트는 최대 6개월이 걸릴 수도 있다. 누구나 메타버스에서 자신만의 건물을 만들 수 있다고 하지만, 복셀 아키텍츠가 쏟는 노력과 시간을 보면 혼자서는 작업하기 어려운 일이다.

복셀 아키텍츠는 여러 건축물을 만들어왔다. 디센트럴랜드에 있는 소더비 건물도 복셀 아키텍츠의 작품이다. 이들이 만든 건축물 포트폴리오에는

One BC 헤드쿼터&갤러리 건물이 있다. 이 건물은 크립토복셀 맵에서 오리진 시티에 있는 8 브라이브 포트8 Bribe Fort에 있으며 높이 10미터, 가로와 세로는 10×18미터 규모다. 이 건물은 사무실과 아트갤러리, 프리젠테이션 스테이지, 가든 등으로 구성됐으며 중국계 미국인 유명 건축가 I.M.페이의 건축 양식에서 영감을 받은 결과물이다. 대리석 벽에 작품을 걸어 전시할 수 있고 프라이빗 미팅룸을 예약하거나 가든에서 휴식을 취할 수 있다. 2022년 2월 방문했을 땐 갤러리 전체가 XCOPY 작품으로 전시됐다.

복셀 아키텍츠는 크립토복셀 오리진 시티에 있는 3 하이드 브랜치3 Hide Branch에 토큰스마트Token Smart 원형 극장도 지었다. 이 건물은 높이 12미터, 가로와 세로는 23×12미터 규모다. 로마 건축에서 영감을 받았으며 약 100명을 수용할 수 있다. 여기서는 파티, 콘서트 등 다양한 행사를 진행할 수 있으며 전용 발코니와 카페도 있다.

복셀 아키텍츠는 더샌드박스에서 민티스왑MintySwap의 본사를 사이버펑크 스타일의 건물로 만들었다. 앞선 사례가 실제 건축물과 같은 모습을 하고 있다면, 민티스왑 본사는 가상 세계에서만 볼 수 있는 아이디어가 담겨 있다. 거대한 회의 공간과 NFT 아트갤러리, 아트리움, 정원, 극장 등이 있으며 네온 불빛과 화려한 색상을 사용해 미래 지향적인 분위기를 자아낸다. 평면도에서 건물을 보면, 회사 로고에서 영감을 받은 나뭇잎 모양과 유사한 구조의 건물로 만들어졌으며 전체 지형이 캔버스를 형성해 건물 자체가 하나의 예술 작품이다. 또 큰 아트갤러리가 있는 극장은 육각형 유리 지붕으로 만들어 더샌드박스의 밤하늘에 떠 있는 별을 볼 수 있다. 가상 세계에 있는 건축물이지만 실제처럼 디테일이 살아 있으며 외관과 내부도 노력한 흔적이 보인다.

복셀 아키텍츠는 실제 건축물과 동일한 NFT 고급 맨션을 건축하는 프로젝트도 최초로 진행한다. 메타 레지던스Meta Residence와 원 소더비 인터내셔널 리얼티One Sotheby's International Realty와 협력해 미국 플로리다 마이애미에 건설 중인 호화 주택과 동일한 주택을 더샌드박스에 만든다. 그리고 실제 마이애미에 있는 주택과 더샌드박스에 있는 NFT 가상 주택 소유권은 원 소더비에서 경매로 판매될 예정이다. 낙찰자는 더샌드박스의 주택과 실제 주택의 소유권을 모두 갖는다. 실제 주택은 2022년 말에, 더샌드박스에 지어지는 가상 주택은 2022년 1분기에 완성될 예정이다.

NFT 작품을 전시하는, NFT 크리프 갤러리

—

NFT 크리프 갤러리NFT creep Gallery는 디센트럴랜드 소호 광장Soho Plaza과 중세 광장Medieval Plaza 사이에 있는 NFT 작품 전시 갤러리다. NFT 크리프 갤러리는 3층 건물로 외부와 내부에 모두 NFT 작품이 전시되어 있다. NFT 크리프 갤러리는 기업이나 기관이 아닌 개인이 운영한다. NFT 크리프 갤러리에서 직접 NFT 작품을 만드는 것은 아니기 때문에 갤러리의 운영자는 엄밀히 말하면 크리에이터보다는 큐레이터에 가깝다.

NFT 크리프 갤러리는 우연한 기회에 만들어졌다.

NFT 크리프 갤러리의 운영자는 자신의 친구이자 크리에이터인 디폼드 TVDeformed TV의 NFT 아트 프로젝트를 알리고 싶었다.

마침 NFT 크리프 갤러리 운영자는 디센트럴랜드에 랜드를 보유하고 있었다. 그래서 디센트럴랜드에 있는 자신의 랜드에 갤러리를 만들고 디폼드 TV의 작품을 전시했다.

디폼드 TV의 전시로 문을 연 NFT 크리프 갤러리는 다양한 NFT 아티스트의 작품을 전시하고 개방된 커뮤니티로 성장하고 있다. 갤러리에서 다양한 이벤트를 열기 위해 메타버스 이벤트 스타트업인 파슬파티ParcelPartys와 협력하고 더 다양한 작품을 전시하기 위해 여러 컬렉터와도 연계하고 있다. NFT 컬렉터인 버디폭스33BuddyFox33도 NFT 크리프 갤러리의 정기 컬렉터로 합류했다.

NFT 크리프 갤러리는 전시 수수료나 판매 수수료를 받지 않는다. NFT 크리프 갤러리에 전시되어 판매되는 수익금은 전부 아티스트에게 전달된다.

NFT 크리프 갤러리 운영자는 다양한 아티스트의 작품을 소개하기 위해 갤러리를 운영하고 있지만, 누구나 언제든지 특정 취향과 타깃을 위한 큐레이션 갤러리를 운영할 수 있다. NFT 크리프 갤러리 운영자가 직접 NFT 창작물을 만드는 크리에이터는 아니지만 여러 작품 중 자신의 시각을 담은 큐레이팅도 앞으로 새로운 크리에이터 영역이 될 수 있다.

인터넷으로 인해 수많은 정보와 콘텐츠에 둘러싸이면서 사람들은 자신에게 딱 맞는 큐레이팅 서비스를 꾸준히 원하고 있다. 음원 스트리밍 서비스나 유튜브에는 분위기와 상황에 맞는 음악을 골라주는 '음악 PD'들이 있고, 직종이나 관심사에 따라서 필요한 뉴스나 소식만 골라서 아침마다 전달해주는 뉴스레터들이 있고, '울고 싶을 때' 또는 '웃고 싶을 때' 보면 좋은 영화나 드라마를 골라주는 추천 리스트, 타깃에 맞는 광고만 보여주는 타깃팅 광고가 있다. NFT에도 이러한 큐레이션이 들어올 가능성은 얼마든지 열려 있다.

당신에게는 어떤 가능성이 있을까. NFT를 당신의 아이디어와 접목하면 신세계가 펼쳐질지도 모른다. 10년 만에 돌아온 이 기회는 누군가의 인생을 바꿀 것이다.

투자부터 기획, 브랜딩, 창작과 창업까지
지금 팔리는 NFT

초판 1쇄 인쇄 2022년 4월 13일 **초판 1쇄 발행** 2022년 4월 27일

지은이 이유미
펴낸이 이승현

편집2 본부장 박태근
MD독자 팀장 최연진
편집 방호준
디자인 김태수

펴낸곳 ㈜위즈덤하우스 **출판등록** 2000년 5월 23일 제13-1071호
주소 서울특별시 마포구 양화로 19 합정오피스빌딩 17층
전화 02) 2179-5600 **홈페이지** www.wisdomhouse.co.kr

ⓒ 이유미, 2022

ISBN 979-11-6812-275-8 03320